경제 천재, 돈의 비밀을 풀어라

경제 천재, 돈의 비밀을 풀어라

신승미 지음

지식
+
소설
03

태오

호기심 많은 중학생. 주식으로 돈을 버는
같은 반 친구를 부러워한다.
어른들의 경제 이야기가 늘 궁금하다.
돈의 세계를 이해하고 싶어 탐험을 시작한다.

루피

화폐에서 태어난 AI.
태오의 화폐 탐험을 돕는 안내자이자 동반자다.
웃음이 많고 다정하며, 스스로 답을 찾도록 이끈다.

탐험 안내

1. **입장 방법:** 비밀 지도를 펼치고 황금 사자 동전을 누른다.

2. **접속 시간:** 매일 밤 12시부터 가능하다.

3. **시간 시스템:** 탐험 세계의 1일은 현실 세계의 1분과 같다.

4. **게임 규칙:** 퀘스트 수행 중 어려울 때는 황금 동전을 눌러 루피를 소환할 수 있다.

동전 하나로 열린 세계

태오는 그 지도를 우연히 발견했다. 할아버지의 서재에는 여느 때처럼 골동품이 쌓여 있었다. 지도는 책장의 밑에서 다섯 번째 칸, 태오의 눈높이쯤에 놓여 있었다. 푸른색 지도에는 전 세계의 대륙이 그려져 있었고 알 수 없는 글씨와 그림이 가득했다. 태오는 할아버지를 졸라 그 지도를 얻어 냈다.

그날 밤 12시, 숙제를 마치고 휴대폰을 보던 태오는 책장 한구석에 있던 지도를 꺼내 활짝 펼쳐 보았다. 그런데 지도의 오른쪽 귀퉁이에서 황금빛 동전 모양의 그림이 반짝이고 있었다.

"이게 뭐지? 낮에는 보이지 않았는데……."

그림은 태오의 손이 닿자 지도 밖으로 튀어나오더니 진짜 동전으로 바뀌었다. 진짜 황금처럼 번쩍이는 그 동전의 앞면에는 사자의 머리 모양이 새겨져 있고, 가운데에는 네모난 구멍이 뚫려 있었다. 반쯤 지워진 알파벳 같은 글자들도 새겨져 있었다.

평소 태오는 전 세계로 출장을 다니는 아버지에게서 여러 나라의 동전을 받아서 모아 왔다. 그런데 그 동전은 처음 보는 모양이었다. 태오는 저도 모르게 동전을 만져 보았다. 그 순간 '띠링!' 하는 소리와 함께 머리 위로 푸른빛의 시스템 창이 열렸다.

'시스템 창은 게임을 할 때나 열리는 거잖아!'

놀라움을 뒤로하고 태오는 시스템 창에 적힌 글을 읽었다.

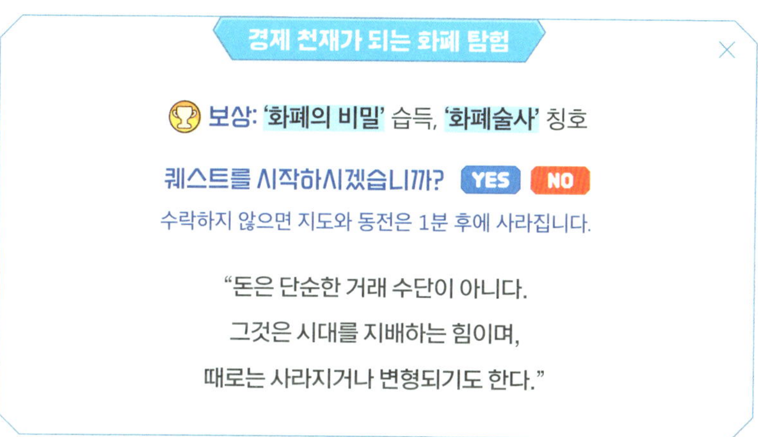

'화폐술사? 화폐의 비밀?'

그 순간 태오의 머릿속에는 신문기자인 어머니와 사업가인 아버지가 평소에 나누는 대화 속의 어려운 단어들이 떠올랐다.

'인플레이션, 디플레이션, 위조 화폐……'

태오는 같은 반 친구 준우의 거만한 미소도 떠올렸다.

"난 5학년 때부터 주식 투자로 돈을 잘 벌고 있어."

그 미소는 마치 자신이 어른인 양 친구들을 깔보는 듯한 표정이었다. 그때 태오는 티를 내지는 않았지만 내심 부러웠다.

태오는 자기도 모르게 'YES' 버튼을 눌렀다. 그러자 주변이 은빛으로 환해졌고, 낯선 공간에 홀로 서 있는 자신을 발견했다.

'여기가 어디지? 벌써 탐험이 시작되었나?'

태오가 오른손에 꼭 쥐고 있던 동전이 빛을 뿜어냈다. 그 빛 속에서 커다란 금속 동전 같은 둥그런 몸과 LED처럼 빛나는 눈을 가진 작은 로봇이 나타났다.

"안녕? 나는 루피야. 고대 산스크리트어로 '은으로 만든 화폐'라는 뜻이야."

"루피? 어디서 많이 들어봤는데. 그거 인도 화폐 아니야?"

루피가 작은 손을 앞으로 내밀어 손뼉을 크게 쳤다.

"오, 태오! 대단한데? 맞아. 내 이름과 같은 루피라는 화폐는 16세기 무굴제국부터 쓰였어. 이후 영국이 인도를 지배하면서 더 널리 퍼졌고, 지금도 사용되고 있으니 대단하지?"

태오는 주변을 둘러보며 떨리는 목소리로 물었다.

"여긴 어디야? 그리고 화폐술사라는 건 뭐야?"

“이곳에서는 화폐의 비밀을 알아내기 위한 탐험을 할 수 있어. 다양한 시대를 여행하며 돈이 어떻게 생기고, 왜 중요한지 직접 경험하게 되지. 퀘스트를 하나씩 해결할 때마다 보상도 얻고, 점점 더 많은 능력을 갖추게 돼. 그렇게 성장하면, 화폐를 제대로 이해하고 활용할 수 있는 ‘화폐술사’가 되는 거야.”

“화폐의 비밀이라…… 내가 할 수 있을까?”

“걱정 마. 혹시라도 단서를 찾기 어려워지면 어제든 나를 불러. 그 동전에 새겨진 사자상을 누르면 내가 나타날 거야.”

태오는 잠시 망설이다가 대답했다.

“좋아. 그런데 우리가 오랫동안 여행을 하게 되면 학교는 어떻게 하지?”

“걱정하지 마. 이곳의 하루는 현실 시간의 1분이야. 열흘을 다녀도 현실에서는 10분밖에 지나지 않을 거야. 최고의 화폐술사가 되면 금융 감각과 투자 능력도 자연스럽게 익히게 될 거야. 어때? 도전해 볼래?”

루피의 이야기를 들으니 태오의 마음이 한결 가벼워졌다. 태오는 자기도 모르게 이미 고개를 끄덕이고 있었다.

디찌털 화폐와 암호 화폐의 세계

👉 돈의 미래를 탐험하라

국가가 발행하는 디지털 화폐 ✦ 은행 대신 비트코인을 선택한 사람들 ✦ 돈을 믿지 못하게 되면 생기는 일 ✦ 여러 종류의 돈을 함께 쓰는 미래

물물교환과 화폐의 탄생

인류 최초의 돈을 찾아라

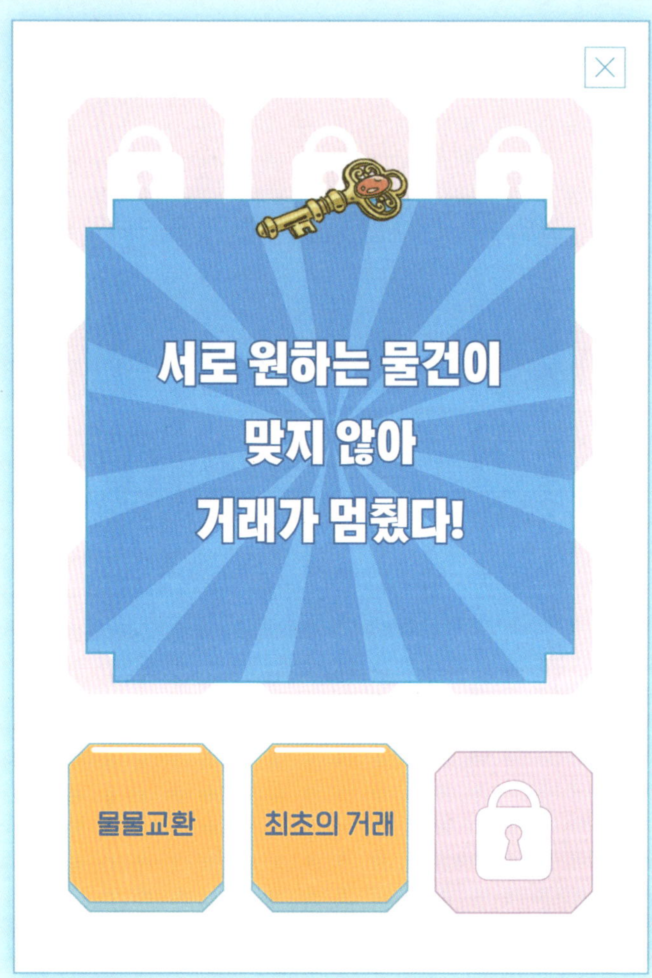
서로 원하는 물건이
맞지 않아
거래가 멈췄다!
물물교환
최초의 거래

화폐가 없는 시대로

밤 12시, 태오는 지도를 펼쳤다. 그러자 빛나는 알림창이 '띠링' 하는 효과음을 내며 태오의 머리 위로 나타났다.

> ⓘ **퀘스트 알림**
>
> ❓ **일일 퀘스트**: 인류 최초의 거래 방식을 찾아라!
>
> 🏆 **보상**: 능력치 '거래의 기초'

태오는 떨리는 손으로 동전의 사자상을 눌렀다. 그러자 금속 동전처럼 반짝이는 몸에 동그란 눈을 깜빡이는 루피가 '뾰롱' 하는 소리와 함께 태오의 앞에 나타났다.

"안녕, 태오!"

태오는 알림창을 바라보며 물었다.

"루피, 시스템 창에 첫 번째 퀘스트가 적혀 있어. 이걸 어떻게 수행할 수 있어?"

"나만 믿어, 태오. 우리는 오늘 밤부터 매일 시간여행을 할 거야. 그곳에 도착하면 퀘스트를 완료할 방법을 네 스스로 터득하게 될 거야. 자, 그럼 신나는 탐험을 시작해 볼까?"

루피는 웃으며 빛을 내뿜었다. 환한 빛과 함께 둘의 몸은 공중으로 떠올랐다.

눈 깜짝할 사이에 태오는 자신이 방이 아니라 보드라운 흙 위에 서 있다는 것을 깨달았다. 멀리 출렁이는 바다가 보였다.

"오! 신기하다. 여기가 어디야?"

"이곳은 화폐가 탄생하지 않은 아주 오랜 옛날이야. 지금부터 사람들이 어떻게 물건을 사고파는지 잘 살펴봐."

루피의 동그란 몸이 서서히 사라졌다. 어리둥절한 태오의 눈앞에 야트막한 언덕이 보였다. 저 멀리서 덥수룩한 머리에 수염이 헝클어진 남자가 등 뒤에 큰 자루를 메고 낑낑거리며 걸어오는 모습이 눈에 띄었다. 태오는 그 사내의 뒤를 따랐다.

최초의 거래 방식, 물물교환

남자는 붉은 고깃덩어리가 잔뜩 매달린 고깃간으로 들어가 땀을 뻘뻘 흘리며 어깨에 멘 자루를 내려놓았다. 자루 속에는 곡물로 보이는 작은 알갱이가 가득 들어 있었다. 남자는 그 자루를 고깃간 한가운데에서 고기를 썰던 사내에게 건넸다. 사내는 잠시 손을 멈추더니 손바닥만 한 고깃덩어리를 내밀었다. 남자는 그것을 받아 들고 환하게 웃으며 가게를 나섰다.

그 남자가 나가자마자 태오 또래의 어머니뻘 되는 아주머니가 큰 자루를 머리에 이고 고깃간으로 들어왔다. 그런데 고깃간 주인은 아주머니와 한참 실랑이를 벌였고, 끝내 고기를 주지 않았다. 아주머니는 다시 자루를 머리에 인 다음 고깃간의 문을 열고 바깥으로 나섰다. 지친 표정으로 왔던 길을 돌아가는 아주머니에게 태오는 저도 모르게 불쑥 말을 걸었다.

"아주머니, 제가 좀 도와드릴게요! 그런데 왜 그냥 돌아가시는 거예요? 고기를 얻으러 오신 것 아니에요?"

아주머니가 거친 숨을 내뱉더니 힘겹게 입을 열었다.

"맞아, 아이들이 어찌나 고기를 먹고 싶어 하는지…… 그런데 고깃간 주인이 이미 다른 사람이 가져온 곡식을 고기와 바꿨다며, 곡식이 더 필요 없다는구나. 이제는 곡식 대신 신발을 가져올 사람만 기다린대. 딸아이 신발이 낡았다면서 말이야. 그래서 얼른 이 곡식을 신발 만드는 사람에게 가져다주려 해. 거기서 곡식을 신발로 바꿔서 다시 고깃간으로 가려고."

"네? 곡식을 신발로 바꾼 다음에 다시 고깃간을 간다고요?"

"응, 그런데 신발 장인도 이 곡식이 필요 없다고 할까 봐 걱정이야."

"돈으로 고기를 사면 되잖아요?"

"돈? 그게 뭐니? 고기가 필요하면 무언가로 바꿔야지."

태오는 잠시 말을 잃었다.

'돈을 모른다고? 아, 여기는 아직 화폐가 생기지 않았다고 했지!'

그 순간 태오는 언젠가 들은 **물물교환**이라는 말이 떠올랐다. 머릿속에서 퍼즐이 맞춰지는 듯했다. 태오는 얼른 사자상을 눌러 루피를 소환했다.

"루피, 물물교환이 뭐야?"

루피가 나타나 공중으로 빛을 쏘아 올렸다. 그러자 태오의 눈에 투명한 창이 나타났다. 옆에서 길을 걷고 있는 아주머니에게는 루피도, 화면도 보이지 않는 듯했다.

화면에는 물물교환에 대한 설명이 적혀 있었다.

어느새 루피가 태오 곁에 다가와 있었다.

"태오, 물물교환에는 어려운 점도 있어. 우선 서로 필요한 물건이 다르면 거래할 수 없어. 예를 들어, 나는 쌀을 가지고 있고 고기를 원하는데 고기를 가진 사람은 쌀이 아니라 생선을 원해. 그러면 서로 교환할 수 없지."

"서로 원하는 것이 다르면 교환이 안 된다고? 아, 그래서 아주머니가 곡식을 고기로 바꾸지 못한 거였네!"

"응, 그리고 가치를 정확하게 매기는 것이 어려워. 사과 10개랑 물고기 2마리 중 어느 쪽이 더 비싸다고 해야 할까? 게다가 어떤 물건은 너무 크거나 쉽게 상해서 보관과 운반이 불편해. 예를 들어 소 한 마리에서 얻은 고기는 양이 많아 여러 물건으로 부지런히 교환해야 하지. 상하기 전에 빨리."

그때 태오의 눈에 바닷가로 들어오는 작은 배 한 척이 보였다. 해변에는 그 배를 기다리는 듯한 사람들이 무리 지어 서 있었고,

그들은 모두 손에 무언가를 들고 있었다.

"아주머니, 우리도 저기로 한번 가봐요."

태오는 아주머니와 함께 배에 가까이 다가갔다. 배에 탄 사람들이 커다란 자루를 옮기고 있었다.

"아주머니, 저게 뭐예요?"

"저건 소금이란다. 이쪽 지역에서는 소금이 귀하고, 바다 건너 저쪽 지역에서는 곡물이 귀하지. 그래서 물물교환을 하러 저렇게 배를 타고 오는 거야."

줄지어 선 사람들은 저마다 가지고 온 것을 소금으로 바꾸고 있었다. 그때 태오의 머릿속에서 한 가지 생각이 스쳤다.

"앗! 좋은 생각이 났어요. 아주머니의 곡식을 마을 사람들 모두에게 필요한 물건으로 교환하면 어때요?"

"모두에게 필요한 물건?"

"자, 이곳에서는 모두에게 소금이 필요하죠? 그러니 소금을 물물교환에 이용하는 거죠. 아주머니는 저쪽 지역 사람에게 곡식을 주고 소금을 얻으세요. 그리고 소금을 고깃간으로 가지고 가서 고기와 바꾸는 거죠. 고깃간 주인이나 신발 장인도 소금을 가지고 있으면 원하는 물건으로 바꾸기 편할 거예요."

"정말 좋은 생각이구나!"

소금을 화폐로 사용한다고?

태오의 말을 듣고 아주머니는 족장 할아버지의 집으로 향했다. 아주머니가 전한 태오의 의견을 듣고 족장은 여러 사람을 불러 오랫동안 이야기를 나누더니 앞으로 나섰다.

"여러분. 지금껏 우리는 필요한 물건이 서로 다를 때가 너무 많았소. 그래서 이제부터 우리 부족 공통의 교환 수단으로 소금을 사용하면 어떨까 하오. 소금은 오랫동안 보관하기도 좋으니, 거래에 이용하기에 아주 좋을 것 같소."

그때 태오의 머리 위에 투명한 창이 떠올랐다. 그 창에는 글자가 몇 줄 적혀 있었다.

태오가 박수를 치며 말했다.

"우아, 나 첫 번째 퀘스트에 성공했나 봐! 생각보다 어렵지 않고 재미있는데? 그러니까 화폐는 사람들이 물건을 더 쉽게 바꾸려고 만든 거였네! 이게 바로 거래의 기초구나.”

“태오, 대단한데? 첫 번째 퀘스트를 이렇게 잘 끝내다니!”

“오, 보상이 또 있네. 고대의 크리스탈 소금? 물물교환 시대의 소금인가? 어디에 쓰는 거지?”

“글쎄. 일단 잘 넣어 두면 쓸 데가 있겠지?”

그 순간 태오의 머리 위로 지갑 모양의 투명한 물체가 떠올랐고, 하얀 가루 형태의 아이템이 빛을 내며 그 속으로 들어갔다.

“루피, 이건 뭐야?”

“가상 지갑이야. 퀘스트 달성에 성공해서 얻는 아이템은 모두 이 지갑에 보관할 수 있어.”

탐험을 마치고 태오는 집으로 돌아갈 준비를 했다.

‘이 마을에서는 이제 물건이 필요하지 않다며 거래를 거절당하는 일이 적어지겠지?’

돈으로 물건을 사는 행위가 당연하다고 생각해 온 태오에게 오늘 경험은 아주 색달랐다. 태오는 문득 궁금한 것이 생겨 다시 루피를 소환했다.

“루피, 과거에 물물교환을 할 때 소금 말고도 어떤 물건을 사용했을지 궁금해.”

“태오, 피곤할 텐데 궁금한 게 또 생겼어? 좋아, 하나씩 이야기해 줄게.”

루피가 웃으며 대답했다.

“먼저 아프리카 이야기부터 해볼까? 에티오피아와 콩고의 일부 지역에서는 20세기 중반까지도 소금을 화폐처럼 사용했어. 소금을 여러 가지 크기의 막대나 벽돌 모양으로 만들었지. 크기에 따라 가치도 조금씩 달랐고. 바닷가에서 멀리 떨어져 있거나 깊은 산속에 있는 마을일수록 소금의 가치가 더 높았대.”

“그럼 금이랑도 바꿀 수 있었어?”

“그럼. 어떤 지역에서는 소금 벽돌 50~60개를 금 한 덩이와 바꾸기도 했다는 기록이 남아 있어.”

“소금 말고도 그런 물건들이 더 있었겠지?”

“물론이지.”

루피가 고개를 끄덕였다.

“아프리카와 북아메리카, 아시아에서는 돌덩이나 나뭇조각, 깃털, 해골 같은 것들을 쓰기도 했고, 멕시코의 토착민들은 구리로 만든 도끼나 코코아 열매를 화폐로 사용했어. 중국에서는 찻잎을 쪄서 벽돌 모양으로 만든 ‘전차’도 화폐처럼 사용했어. 특히 티베트나 몽골처럼 차가 꼭 필요한 지역에서는 실제 돈처럼 거래되기도 했지.”

에티오피아에서 화폐로 사용한 소금 막대

"코코아가 돈이었다고?"

"응. 또 남아시아에서는 작은 조개껍데기가 화폐였고, 어떤 지역에서는 아몬드를 잔돈처럼 쓰기도 했대. 이 밖에도 지역과 생활환경에 따라 쌀, 담배, 이빨처럼 정말 다양한 물건이 화폐 역할을 했단다."

"우아! 진짜 신기하네. 어쨌든 고마워. 루피, 안녕!"

루피가 떠난 후, 태오는 돈 대신 해골을 주고받는 원주민들을 상상하며 잠이 들었다.

고대의 크리스탈 소금

★☆☆☆☆

◆ **효과:** 유행에 휩쓸리는 대신 물건의 실제 가치에 집중한다

◆ **획득 조건:** 물물교환이 탄생한 이유와 그 한계를 이해했을 때

◆ **사용 예시:** 유행하는 운동화가 꼭 필요한지 먼저 생각해 보기

고대의 동전을 찾아서

도시를 움직이는 힘을 밝혀라

작은 금속 조각 하나가
도시의 운명을
바꿨다!
동전
그리스
가격

세계 최초의 동전을 찾아서

책을 읽으며 모험을 떠날 시간을 기다리던 태오는 12시가 되자마자 다시 지도를 펼쳤다. 태오의 머리 위로 '띠링' 하는 소리와 함께 시스템 창이 나타났다.

태오는 사자상을 눌러 루피를 소환했다. '뾰롱' 하는 소리를 내며 나타난 루피는 은빛으로 반짝이는 모자를 쓰고 있었다.

"루피, 모자가 너무 귀여운데?"

“고마워, 태오, 멋을 조금 내봤어. 힌트도 줄 겸.”

“오, 오늘 퀘스트는 혹시 은이랑 관련이 있는 거야?”

“그럴지도 모르지, 자, 일단 떠나 볼까?”

“좋아!”

둘은 공중으로 떠올랐다가 은빛 덩어리가 가득 쌓인 곳에 도착했다. 큰 조각, 작은 조각, 길고 가느다란 조각 등 다양한 모양의 은 덩어리들이 태오의 발밑에 흩어져 있었다.

“루피. 여기는 어디야?”

“약 5,000년 전 고대 메소포타미아의 은 저장소야.”

“그런데 은을 왜 이렇게 여러 가지 크기로 만들어 놨어?”

“은을 화폐의 단위로 썼기 때문이야. 고대 이집트와 메소포타미아 사람들은 거래 도구로 곡물뿐만 아니라 금이나 은도 사용했어. 은으로 벌금도 부과하고, 일하는 사람들에게 임금도 줬지. 그래서 은을 아주 커다란 덩어리부터 작은 조각까지 다양한 크기로 나눈 거야. 물론 여전히 물물교환이 가장 흔하지만.”

“그런데 은 덩어리는 좀 무겁지 않아? 정확한 크기를 재는 것도 힘들고.”

“맞아. 그래서 동전이 만들어졌어. 짜잔! **일렉트럼**으로 만든 동전을 소개할게.”

"일렉트럼? 미래의 물건 같은 이름이네. 좀 더 자세히 알려줘."

루피에게서 환한 빛이 나오더니 낯익은 알림창이 나타났다. 창에는 일렉트럼에 대한 설명이 적혀 있었다.

> **일렉트럼**
>
> 금과 은이 섞인 자연 금속. 얼핏 보면 금덩이처럼 보인다. 일렉트럼은 자연환경에서 그대로 발견되기도 하고, 필요에 따라 금과 은을 인위적으로 섞어 만들기도 한다. 기원전 7세기 무렵, 지금의 터키 서부에 있었던 리디아에서는 일렉트럼으로 세계 최초의 동전을 만들었다.

루피가 빛나는 창을 가리키며 설명을 덧붙였다.

"일렉트럼 동전은 오늘날의 동전보다 크고 무거웠어. 앞면에는 금과 은이 얼마나 들어 있는지를 숫자로 표시하고, 뒷면에는 제국을 상징하는 사자나 황소를 새겼지. 이 동전은 주로 높은 사람에게 바치는 선물이나 신전에 바치는 용도로 쓰였어. 그런데 그 속에 든 금과 은의 양이 일정하지 않다는 단점이 있었어."

태오는 잠시 생각에 잠겼다.

"아, 금과 은의 양이 들쑥날쑥한 탓에 동전의 가치도 자주 바뀐 거야?"

"맞아. 그래서 사람들이 오래 믿고 쓰기엔 어려움이 있었고, 널리 쓰이지는 못했어. 기원전 6세기 이후로는 제작되지 않았고, 사람들은 일렉트럼 대신 금과 은으로 동전을 만들었지."

태오는 고개를 끄덕였다.

"최초의 동전은 막상 거래에는 많이 쓰이지 못한 거구나. 그럼 여기서는 동전으로 돈을 버는 미션이 쉽지 않겠는데…… 루피, 이제부터 어디로 가면 될까?"

루피는 태오의 말이 끝나기도 전에 몸을 빛내며 한 바퀴를 돌았다. 사방이 빛으로 둘러싸이는 동안 태오의 귀에 시끌시끌한 소리가 들리기 시작했다.

고대 그리스 경제의 중심, 아테네 동전

환한 빛이 서서히 잦아들자 태오는 사람들이 가득한 광장 한가운데에 서 있었다. 가운처럼 긴 옷을 걸친 사람들이 분주히 오가고, 무언가에 관해 토론하는 듯한 열띤 목소리도 들려왔다.

"짜잔, 여기는 태오가 퀘스트를 수행할 곳이야."

"이곳은 어디야? 왜 이렇게 사람이 많고 시끄러워?"

"우리는 지금 기원전 5세기로 왔고, 이곳은 그리스 아테네의 광장인 '아고라'야. 그리스 시민들은 여기서 정치에 대해 토론도 하고, 예술 공연도 하고. 물건을 사고파는 거래 활동도 했어. 시끌시끌하지? 그럼 오늘도 힘내! 태오야, 이따 보자."

말을 마친 루피가 사라진 자리에는 웬 키가 크고 호리호리한 남자가 탁자 앞에 앉아 사람들을 맞이하고 있었다. 탁자 위에는 크고 작은 천 주머니들이 있었고, 벌어진 주머니 안으로 반짝이는 동전들이 보였다.

"이 동전을 아테네 동전으로 좀 바꿔 주세요."

"코린토스의 페가수스 동전을 가져왔어요."

사람들은 산토끼나 페가수스, 아폴로 신 등 다양한 그림이 새겨진 동전을 탁자 위로 내밀었고, 남자에게서 부엉이가 새겨진 동전을 받아 갔다.

모여 있던 사람들이 흩어지고 광장이 한산해지자, 태오는 탁자에 가득 쌓인 동전을 세고 있는 남자에게 다가갔다.

"아저씨, 무슨 일을 하시는 거예요?"

"나 말이야? 나는 환전상 칼리온이란다. 외국인들이 가지고 온 동전들을 아테네 동전으로 바꿔 주는 일을 하지. 그래야 외국인들이 이곳에서 물건을 사거나 음식을 사 먹을 수 있거든."

'어, 환전? 그건 엄마와 아빠가 해외여행을 갈 때 우리나라 돈을 외국 돈으로 바꾸는 건데. 옛날 아테네에서도 환전을 했다고?'

깜짝 놀란 태오에게 칼리온이 동전 몇 개를 내밀었다.

"동전을 자세히 보렴. 새겨진 그림이 다 다르지?"

"정말이네요. 왜 그런 거예요?"

"그리스의 도시국가들은 다양한 그림을 동전에 새긴단다. 아테네는 '테트라드라크마'라는 동전을 사용해. 이 동전은 은으로 만들었고 아테나 여신의 머리와 부엉이가 새겨져 있지. 그래서 다들 '부엉이 동전'이라고 불러. 시칠리아의 동전은 산토끼가 새겨져 '산토끼 동전', 코린토스의 동전은 페가수스가 새겨져 '페가수스 동전'이라고도 하지."

칼리온 아저씨가 혼잣말하듯 한마디를 슬쩍 덧붙였다.

"자랑 같지만, 나는 사실 외국인들 사이에서 모르는 사람이 없을 정도로 신용이 좋단다. 난 각 나라 동전의 가치를 정확히 알고 있고 계산도 순식간에 끝낼 수 있거든. 가짜 동전도 귀신같이 찾아내고."

'가짜 동전? 고대 그리스에 위조 화폐가 있었다고?'

가짜 동전에 대해 더 자세히 물어보고 싶었지만, 태오에게는 완료해야 할 퀘스트가 있었다.

'동전을 이용해 돈을 불려라!'

태오는 칼리온이 동전을 바꾸러 온 사람들과 주고받는 이야기에 귀를 기울였다. 대화를 듣다 보니 같은 동전도 지역에 따라 가

아테네 여신과 부엉이가 새겨진 고대 아테네의 동전

도시를 움직이는 힘을 밝혀라

치가 달랐다. 예를 들면 아테네에서는 코린토스 동전 1개로 무화과 3개를 살 수 있다면, 코린토스에서는 무화과 4개를 살 수 있었다. 그리고 가장 강국인 아테네의 동전은 1개로 무화과 5개를 살 수 있었고, 어디서든 같은 가치로 매겨지고 있었다.

태오의 머릿속에 한 가지 생각이 번쩍 떠올랐다.

'이거다! 아테네 동전을 코린토스 동전으로 교환한 다음, 코린토스로 가서 물건을 사는 거야! 다시 아테네에 와서 그 물건을 팔면 차익이 생기잖아.'

돈의 가치 차이가 만드는 이익

태오는 황금 동전을 눌러 루피를 소환했다.

"루피, 동전을 이용해 돈을 벌 방법을 찾아냈어."

"벌써? 태오, 대단한데?"

"응, 아테네 동전만 있으면 바로 돈을 벌 수 있어. 어떻게 하면 얻을 수 있을까?"

"태오야, 퀘스트를 수행할 방법을 알아냈구나! 내가 도와줄게. 이건 아테네 동전 30개야."

루피가 동전이 든 주머니를 내밀었다. 태오는 루피에게서 주머니를 받자마자 옆에 앉은 칼리온의 등을 쿡쿡 찔렀다.

"칼리온 아저씨, 여기 아테네 동전 30개를 코린토스 동전으로 바꿔 주세요."

"아테네 동전 30개라면 코린토스 동전으로 50개지! 역시 난 계산이 빠르다니까!"

칼리온에게서 코린토스 동전을 건네받은 태오는 다시 루피를 소환했다.

"혹시 내가 코린토스로 갈 수 있을까?"

"당연하지. 태오. 나만 믿어."

루피가 공중으로 날아오르더니 한 바퀴 돌았다. 어느새 태오는 코린토스 시장 한가운데 서 있었다. 향신료 냄새와 과일 향이 뒤섞인 공기가 코끝을 스쳤다. 상인들이 목청을 높이며 손님을 불러 모으고 있었다. 태오는 무화과가 산처럼 쌓여 있는 좌판 앞에 섰다.

"이 무화과는 얼마예요?"

상인이 손가락을 펴 보였다.

"코린토스 동전 1개에 무화과 4개지."

태오는 얼른 머릿속으로 계산했다.

'동전 50개면, 무화과 200개를 살 수 있구나!'

그는 동전 50개를 건네고 무화과를 상자 가득 담았다. 묵직한 무게에 팔이 후들거렸지만, 얼굴에는 미소가 번졌다.

"루피, 다시 아테네로!"

그 순간 시장의 소음이 사라지고 아테네 아고라의 북적임이 귀를 채웠다. 태오는 재빨리 자리를 잡고 소리쳤다.

"싱싱한 무화과! 달콤한 무화과!"

사람들이 하나둘 모여들었다.

"이건 얼마요?"

"아테네 동전 1개에 무화과 5개입니다!"

손님들은 고개를 끄덕이며 동전을 내밀었다. 태오는 무화과를 건네며 조심스레 동전을 세었다.

'5개씩이니까…… 200개면…… 동전이 40개는 모이겠어!'

한참이 지나 마지막 무화과까지 모두 팔렸다. 태오는 손바닥 위에 놓인 동전들을 차례로 세었다.

"야호! 아테네 동전 30개를 40개로 불렸다! 같은 물건인데도 가격 차이만 이용해 이렇게 돈을 벌 수 있다니!"

루피가 활짝 웃었다.

"태오, 대단한데! 네가 고대 그리스에서 태어났었다면 엄청난 무역 상인이 됐을 거 같은데? 아주 큰 부자도 되고 말이야."

그 순간 태오의 머리 위에서 '띠링' 하는 기분 좋은 소리가 들리며 알림창이 나타났다.

'사자의 황금 동전이라니, 멋진데!'

집으로 돌아가기 전 태오는 가짜 동전에 대해 묻기 위해 칼리온에게로 향했다.

"칼리온 아저씨, 아까 그리스에 가짜 동전이 있다고 하셨잖아요. 가짜 동전이 그렇게 많은가요?"

"그럼, 가짜 동전을 만들어서 퍼뜨리는 사람이 꽤 많지. 그래서 얼마 전 아테네에서는 국가가 임명한 검사관이 가짜 동전을 검사하도록 하는 법을 만들었어."

태오는 칼리온의 말에 깜짝 놀랐다. 오늘은 시간이 없지만 언젠가는 위조 화폐가 얼마나 많고, 왜 위험한지를 자세히 알아봐야겠다고 생각했다.

도시의 힘과 정체성을 상징한 화폐

집으로 돌아온 태오는 루피를 불렀다.

"루피, 고대 그리스에서는 왜 지역마다 다른 동전을 만든 거야?"

루피가 한 바퀴 돌자 허공에 여러 개의 동전 그림이 떠올랐다.

"오늘 태오가 본 것처럼 고대 그리스의 도시들은 고유한 문양과 신화를 동전에 새겼어. 신과 영웅, 도시의 상징물 같은 것들 말이야."

루피가 동전을 가리키며 말했다.

"그때 동전은 단순히 물건을 바꾸는 수단이 아니었거든. 그 도시에 힘이 있다는 걸 보여 주는 상징이기도 했어. 정치적 권위와 문화, 정체성을 함께 드러내는 물건이었지."

태오는 천천히 고개를 끄덕였다.

"그럼 동전이 도시의 명함 같은 거네?"

"그렇게 볼 수도 있지. 상업이 활발했던 아테네, 코린토스, 시라쿠스 같은 도시에서는 특히 동전 사용이 활발했어. 그만큼 교역도 많았으니까."

태오는 공중에서 빛을 내는 아테네 동전 그림을 바라보았다.

"아테네 동전이 다른 도시에서도 쓰였다는 건…… 사람들이 그만큼 믿었다는 뜻이겠지?"

"맞아."

루피가 고개를 끄덕였다.

"강하고 발달한 도시의 동전일수록 더 널리 쓰였어. 아테네 동전은 그 자체로 힘과 신뢰의 상징이었지."

태오는 손바닥에 남아 있는 아테네 동전의 묵직한 감촉을 느끼며 잠자리에 들었다.

로마를 무너뜨린 가짜 돈

신용의 원칙을 이해하라

은화 속에
은이 없다는 사실이
밝혀졌다!
로마 제국
인플레이션

로마 제국의 전성기를 이끈 동전

밤 12시가 되기를 기다리며 태오는 손안에서 동전을 굴렸다. 손바닥을 펼치니 동전에 새겨진 사자상이 불빛에 반짝였다. 그 동전을 가만히 바라보다가 문득 일렉트럼으로 만든 최초의 동전에 새겨진 사자상이 떠올랐다.

'그럼 이 동전이 고대 리디아와 관련이 있는 걸까? 며칠 탐험하다 보면 이 동전의 비밀도 알게 되려나?'

그때 지도에서 환한 빛이 뿜어져 나오더니 알림창이 나타났다.

> **⚠ 퀘스트 알림**   ✕
>
> **❓ 일일 퀘스트:** 사라진 제국의 화폐, 데나리우스의 비밀을 찾아라!
>
> **🏆 보상:** 능력치 **'신용의 원칙 이해력'**

알림창에 뜬 퀘스트를 읽으며 태오는 사자상을 눌렀다. '뾰롱' 하는 소리와 함께 루피가 긴 옷자락을 휘날리며 나타났다.

"루피, 오늘은 가운 같은 옷을 입었네? 그리스 로마 신화에 나오는 사람 같아. 설마 이 옷이 오늘 퀘스트의 힌트?"

"딩동댕! 오늘은 고대 로마로 가자. 바로 출발할까?"

태오와 루피는 눈 깜짝할 사이에 로마의 시장에 도착했다. 루피가 북적이는 거리를 가리키며 말했다.

"여기는 고대 로마 시장이야. 기원전 211년경 로마에서는 데나리우스라는 은화를 만들었어. 앞서 살펴본 그리스의 동전들을 따라 만들었지."

"오, 데나리우스에 대해 조금만 더 설명해 줘."

"좋아. 이 창을 봐줄래?"

루피가 투명한 알림창을 가리키며 설명을 이어 갔다.

> **데나리우스**
>
> 기원전 3세기 무렵부터 로마 제국에서 널리 사용한 은화. 로마는 지중해 세계의 패권을 장악하면서 그리스 문화를 적극적으로 받아들였고, 화폐 제작에서도 그 영향을 받았다. 데나리우스는 그리스 은화를 본떠 만들어졌으며, 이후 로마 제국 전역에서 가장 중요한 화폐로 사용되었다.

"로마의 은화는 '데나리우스', 금화는 '아우레우스'라고 불렀어. 이 시기 로마 제국은 주변 국가들과의 전쟁에서 연이어 승리하며 세력을 넓혔어. 엄청난 전리품과 귀금속이 로마로 들어오면서 국가 전체가 크게 부유해졌지."

태오의 두 눈이 번쩍 뜨였다.

"오, 금과 은이 많아질수록 동전도 더 많이 만들 수 있었겠네?"

"맞아. 그리고 힘이 강한 나라의 동전일수록 사람들이 더 믿고 사용하니까, 로마의 동전은 자연스럽게 거래의 기준으로 자리 잡기 시작했어. 한때 국제 교역을 이끌던 그리스 도시국가들의 동전은 점차 영향력을 잃어 갔어."

로마 제국의 데나리우스 은화

로마 은화에 은이 사라진 이유

루피의 말에 귀를 기울이던 태오의 눈에 화폐를 주고받는 상인들이 들어왔다. 로마 시장은 사람들로 북적였고, 손에서 손으로 동전이 쉴 새 없이 오갔다.

"오, 고대 그리스 때보다 훨씬 많은 사람이 화폐로 거래하는 것 같아."

태오는 신기한 듯 주변을 둘러보았다.

"루피, 나도 로마 동전을 좀 얻을 수 있을까? 여기 음식도 먹어 보고 싶어."

루피가 고개를 끄덕이자 태오의 손바닥 위에 금화와 은화가 떨어졌다. 그런데 동전의 무게가 생각보다 가벼웠고, 표면도 매끄럽기만 했다.

"루피, 이거 좀 이상한데?"

태오는 동전을 들어 빛에 비춰 보았다.

"반짝임도 그렇고…… 장난감 같아. 이거 혹시 가짜 아니야?"

루피가 눈을 가늘게 뜨며 말했다.

"눈썰미가 제법인데. 맞아. 위조 동전일 가능성이 커."

태오는 동전을 손에 들고 이리저리 살펴보다가 물었다.

“그럼, 너 이런 것도 알아볼 수 있어? 위조인지 아닌지 검사하는 기능 같은 거 있니?”

루피는 하얀 빛을 뿜어 동전들을 스캔했다.

“이건 진짜 데나리우스 은화야. 로마 황제 네로 시대에 만들어진 것도 맞고. 그런데 은이 아주 조금밖에 안 들어 있어. 그래서 동전이 유난히 가벼운 거야.”

“그럼 겉모습은 은화인데, 속에 다른 금속이 들어 있다는 거야?”

“맞아. 시간이 지나면서 이런 동전이 점점 많아졌어. 나중에는 겉에만 은이나 금을 얇게 입히고, 안쪽은 값싼 금속으로 만든 동전까지 등장했지.”

태오는 침을 꿀꺽 삼켰다.

“뭐? 그럼 황제가 은과 금을 아주 조금만 넣은 동전을 써도 된다고 허락한 거잖아?”

“그래. 문제는 바로 그거야. 이렇게 되면 사람들이 더는 화폐를 믿지 못하게 되겠지……”

그러고 보니 여기저기서 사람들이 고개를 갸우뚱거리며 동전을 깨물어 보기도 하고 손으로 만지작거리며 무게를 가늠해 보고 있었다.

“스윽, 스윽, 사각사각…….”

그때 태오의 귀에 무언가를 긁는 듯한 소리가 들려왔다.

"어, 이건 무슨 소리지?"

소리는 멀리 어두운 골목에서 나왔다. 골목 안쪽으로 살금살금 다가간 태오의 눈에 어떤 로마 청년이 보였다. 그는 주변을 조심스럽게 살피며 작은 조각칼로 동전의 테두리를 조금씩 깎아 내고 있었다.

"앗! 뭐 하는 거야?"

그때 루피가 태오의 어깨를 붙잡았다.

"태오, 위험할지도 모르니 가지 마. 저 사람은 화폐를 깎아 그걸로 이득을 챙기려는 거야. 과거에는 동전을 훼손해 얻은 금가루로 이득을 보려는 사람들이 꽤 있었어. 자루 안에 동전을 넣고 흔들어서 떨어지는 가루를 모으기도 했지."

태오는 잠시 멍해졌다.

"너무 심한데? 원래 화폐가 사람들 손을 거치며 자연스럽게 닳을 수는 있지만 저렇게 억지로 화폐를 망가뜨리면 안 되지."

"그래서 시간이 많이 흘러 17세기 영국에서는 동전의 테두리를 오돌토돌하게 톱니 모양으로 만들기 시작했어. 동전을 일부러 깎으면 티가 잘 나게끔."

"아! 그러고 보니 오늘날의 동전들도 다 옆면이 톱니 모양으로 오돌토돌하네.”

그 순간 태오의 머리에 번개같이 스치는 것이 있었다.

“루피! 데나리우스의 비밀이 바로 이거구나. 시간이 지날수록 여기저기가 훼손된 불량 화폐가 시장에 자꾸 돌아다니게 된 거야! 그래서 사람들이 데나리우스를 믿지 못하게 되었고.”

“거의 정답에 가까워졌는데? 태오, 이제 거의 탐정 같아.”

화폐의 가치가 떨어지는 인플레이션

그때 시장 한쪽에서 요란한 고함 소리가 터져 나왔다. 태오는 깜짝 놀라 그쪽으로 달려갔다. 사람들이 둥글게 모여 있었고, 그 한가운데에서 상인으로 보이는 두 사람이 얼굴을 붉힌 채 언성을 높이고 있었다.

“어제까지만 해도 은화 한 닢이면 충분했잖소!”

한 남자가 손에 쥔 동전을 흔들며 외쳤다.

“오늘은 왜 두 닢을 내라고 하는 거요?”

다른 상인이 코웃음을 쳤다.

"값이 오른 걸 어쩌겠소. 아라비아에서 들여온 향료는 요즘 구하기가 점점 어려워지고 있다오!"

주변 사람들도 웅성거리기 시작했다.

"맞아, 요즘 물건 값이 자꾸 오르는 것 같아."

"은화 값이 떨어진 거 아니야?"

태오는 숨을 고르며 그 광경을 지켜보다가 루피에게 물었다.

"어떻게 물가가 하루 사이에 두 배가 된 거지, 루피?"

루피가 속삭이듯이 대답했다.

"그건 황제가 너무 많은 돈을 만들어 냈기 때문이야. 이제 다른 나라에서 전리품과 귀금속이 들어오지 않는데도, 로마 황제는 사치품 소비를 줄이지 않고 있어."

태오는 골똘히 생각하다가 물었다.

"돈이 많아지면 사람들이 다 부자가 되는 거 아냐?"

"이 시절 로마 사람들의 소득은 몇 년 사이에 엄청나게 늘었어. 하지만 그걸로 살 수 있는 물건은 훨씬 줄었어. 물가가 너무 올랐기 때문이지. 이게 바로 **인플레이션**이야."

태오가 얼굴을 찌푸렸다.

"루피, 좀 더 자세하게 설명해 줘."

루피가 알림창을 띄우며 태오의 곁에 가까이 다가섰다.

루피가 태오를 바라보며 차분히 입을 열었다.

"로마의 부는 늘어났지만, 도덕은 사라졌어. 1세기 로마의 학자 플리니우스는 로마가 매년 2,500만 데나리우스가 넘는 돈을 중국, 인도, 아라비아 같은 나라에서 들여오는 사치품에 쓰고 있다고 비판했지. 정치가들은 돈을 빌려 관직을 사고, 높은 이자로 돈을 빌려주는 고리대금업도 퍼져 나갔어. 돈이 점점 많이 필요해지자 로마 황제들은 화폐를 더 많이 만들었지. 그러나 금이나 은의 양은 한정되어 있었어. 이런 상황에서 화폐를 더 만들려면 어떻게 해야 했겠어?"

태오가 무릎을 쳤다.

"아, 재료를 적게 써서 동전을 만들어야겠구나!"

"응, 은화에 들어가는 은의 양을 줄이는 길밖에 없었지. 1세기 초 데나리우스는 거의 순은에 가까웠지만, 3세기 무렵에는 은 함유량이 단 몇 퍼센트뿐인 은화가 등장했어. 겉에만 은을 입히고

속은 값싼 금속으로 만든 동전들이 시장에 돌아다녔지. 이런 화폐가 너무 많아지면서 그 가치는 떨어지고, 물가는 빠르게 올랐어. 로마 황실은 군대에 지급할 봉급조차 감당하기 어려운 상황에 이르렀어."

그때 태오는 머릿속에서 무언가 이어지는 느낌이 들어 작은 탄성을 내뱉었다.

"아하, 이제 데나리우스의 비밀을 알겠어. 은화라고 불렸지만, 실제로는 은이 거의 들어 있지 않은 동전이 점점 늘어났다는 것! 로마의 동전은 지나치게 많아지면서 그 가치가 떨어졌어. 사람들이 화폐를 신뢰하지 않으면 경제가 흔들릴 수밖에 없겠지. 로마 제국이 무너진 이유 중 하나는 바로 화폐구나."

그 순간 태오의 머리 위에 새로운 알림창이 떠올랐다.

'오늘 보상은 데나리우스 조각이네! 은빛 동전만 봐도 아까 배운 게 딱 떠오르는데? 이 조각도 가상 지갑에 넣어야지!'

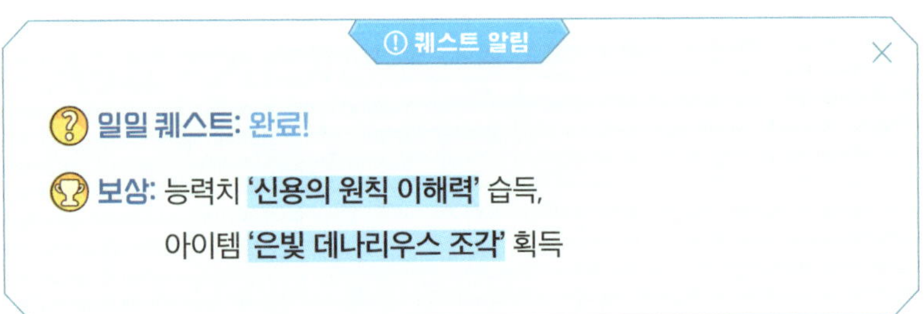

집에 돌아온 뒤에도 태오는 한동안 생각에 잠겼다. 강했던 로마 제국의 경제가 가짜 동전 때문에 흔들렸다는 사실이 쉽게 믿기지 않았다.

'돈이 많아지면 다 잘살게 될 줄 알았는데…… 꼭 그런 것도 아니네.'

태오는 침대에 누워 천장을 바라보았다.

'화폐는 원래 물건을 쉽게 바꾸려고 만든 거잖아. 그런데 사람들이 믿지 않게 되면…… 아무리 많이 만들어도 소용없는 거네.'

시장에 돌아다니던 가짜 동전부터 물건 값으로 다투는 상인들, 불안한 표정의 사람들까지 오늘 로마 거리에서 보았던 장면들이 머릿속에서 떠다녔다.

태오는 다시 사자상을 눌러 루피를 소환했다.

"루피, 그럼 로마가 망한 후 화폐는 어떻게 됐어? 설마 사람들이 화폐를 못 믿어서 안 쓰게 된 건 아니지?"

루피의 눈이 조금 진지해졌다.

"로마 제국은 결국 동로마와 서로마로 나뉘었고, 서로마는 게르만족의 침입과 내부 혼란 속에서 점점 약해졌어. 476년에 멸망하면서 로마의 화폐 체계도 함께 무너졌어. 국가 간 교역과 상업이 활발하던 도시들 역시 힘을 잃었지. 그 결과 지방의 영주들이 세력을 키우는 중세 시대가 시작되었어."

태오는 잠시 말을 잇지 못하다가 물었다.

"그럼 사람들은 다시 물물교환으로 돌아갔어?"

"그런 건 아니야. 중세 초기에는 은화를 쓰기도 했고, 다양한 지역 화폐가 있었어. 농부들이 화폐 대신 곡물이나 농작물로 세금을 내는 경우도 있었고. 시간이 지나면서 농업 생산량이 늘고 12세기 무렵에는 시장이 다시 살아났어. 그러자 화폐 사용도 점점 늘어나기 시작했지."

태오는 조금 안도하는 표정을 지었다.

"오, 그럼 다시 예전처럼 경제가 활발해졌겠네?"

루피는 고개를 가로저었다.

"그렇지만 문제가 있었어. 14세기에는 화폐 재료인 은이 부족해졌거든. 그러다가 15~16세기 무렵 스페인과 포르투갈의 탐험가들이 신대륙을 발견하면서 유럽의 경제는 새로운 전환기를 맞이하게 되었지."

태오는 화폐의 역사가 생각보다 훨씬 흥미롭다는 걸 느꼈다. 내일은 또 어떤 시대를 만나게 될지 기대하며 눈을 감았다.

은빛 데나리우스 조각

⭐⭐✩✩✩

- ◆ **효과:** 화폐에 대한 믿음이 깨지면 경제 전체가 흔들린다는 사실을 안다

- ◆ **획득 조건:** 로마 제국의 경제가 번성하다가 무너진 이유를 이해했을 때

- ◆ **사용 예시:** 작은 약속이라도 끝까지 지키고, 거짓말로 신뢰를 잃지 않기

신용의 원칙을 이해하라

종이 화폐의 등장

가볍지만 강력한 돈을 사용하라

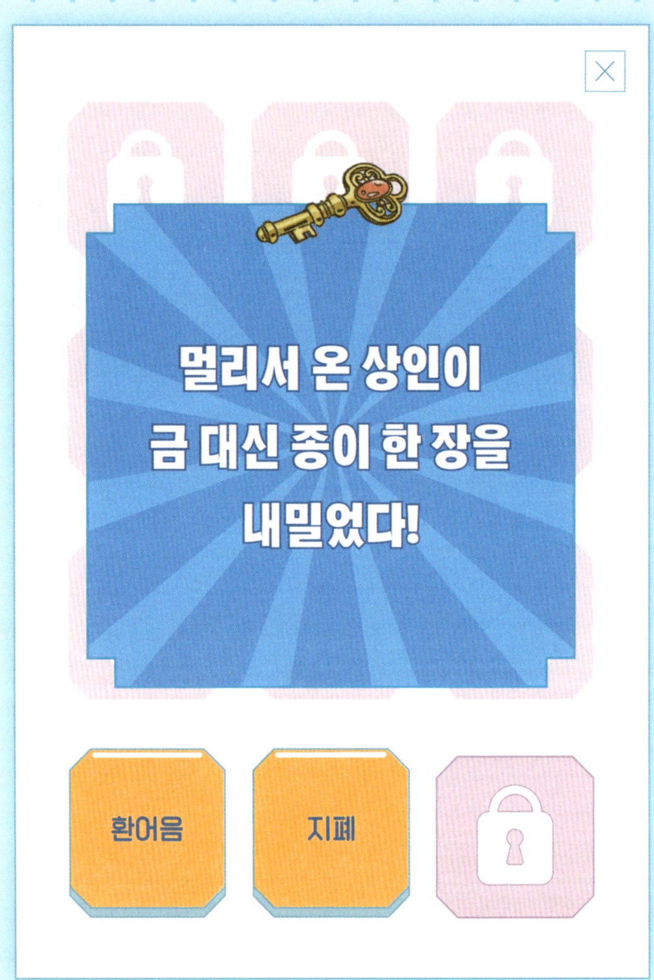
멀리서 온 상인이
금 대신 종이 한 장을
내밀었다!
환어음
지폐

보관과 운반이 쉬운 돈의 등장

자정 무렵 태오는 두근거리는 마음으로 다시 지도를 펼쳤다. 신대륙 발견이 화폐의 역사를 바꾸었다니, 이번 탐험은 더 놀라울 것만 같았다. 황금 사자상을 누르는 순간 '띠링' 하는 소리가 울렸고, 시스템 창이 어둠 속에서 떠올랐다. 잠시 후 루피가 모습을 드러냈다.

⚠ 퀘스트 알림 ✕

❓ **일일 퀘스트:** 가짜 환어음 거래를 막아라!

🏆 **보상:** 능력치 '**환어음과 지폐 이해력**'

"안녕? 루피. 오늘은 별다른 힌트가 없나 봐. 평범한 모습인데?"

“아, 오늘은 내가 아니라 태오에게 재미있는 일이 있을 예정이거든.”

루피가 장난스럽게 웃었다.

“앗, 무슨 일일까? 그나저나 퀘스트를 보니 지폐가 나오기 시작했나 봐. 그사이에 무슨 일이 있었던 거야?”

루피가 웃으며 대답했다.

“오늘은 탐험을 떠나기도 전에 궁금한 게 많네. 좋아. 15세기 무렵 유럽의 경제부터 정리해 보자. 14세기까지 유럽은 화폐의 암흑기였어. 경제 활동은 늘었는데, 실제로 돌아다니는 돈은 부족했거든.”

“돈이 부족했다고?”

태오가 턱을 괴고 말했다.

“음, 그럼 물건을 사고팔기도 힘들었겠네.”

“맞아. 그래서 사람들이 더 많은 금과 은을 찾기 시작했지. 그런데 유럽 안에서는 그만큼 얻을 수가 없었어.”

“그래서 신대륙을 찾아 나선 거야?”

“응. 포르투갈과 스페인의 탐험가들이 긴 항해 끝에 아메리카 대륙에 도착했어. 그리고 그곳에서 엄청난 양의 금과 은을 발견했지.”

태오는 놀란 표정으로 물었다.

"우아, 그럼 유럽은 갑자기 엄청 부자가 됐겠네?"

루피의 표정이 잠시 어두워졌다.

"하지만 그 과정은 결코 좋지 않았어. 유럽인들의 정복과 수탈로 아메리카 원주민들은 큰 고통을 겪었거든. 전염병과 강제 노동 때문에 인구가 크게 줄어들었어."

태오는 잠시 말을 잇지 못했다.

"그건 너무 심하다."

"응, 그렇게 금과 은이 유럽으로 쏟아지자 이번에는 또 다른 문제가 생겼어. 물가가 빠르게 오르기 시작한 거야."

"아! 로마 때처럼?"

"비슷해."

루피가 손가락 하나를 펼치며 말했다.

"게다가 장거리 무역이 활발해지면서 동전을 들고 다니는 것도 점점 불편해졌어. 무겁고, 잃어버리기도 쉽고, 보관도 어려웠지."

태오는 눈을 반짝였다.

"그래서 더 가볍고 편한 돈이 필요해졌구나."

루피가 조용히 미소를 지었다.

"맞아. 바로 그때 등장한 게 지폐야."

지폐의 아버지, 환어음

태오가 알림창을 바라보며 루피에게 질문을 이어 갔다.

"그런데 오늘 퀘스트가 가짜 환어음 거래를 막는 것이잖아. 환어음은 처음 들어 봤어. 지폐랑 뭐가 달라?"

"음, 비유하자면 환어음은 지폐의 아버지라고나 할까?"

"가짜를 구별하려면 환어음에 대해 좀 더 알아야겠는데?"

"좋아, 환어음이 어떻게 생겼는지 보여 줄게!"

루피가 쏘아 올린 빛 속에서 갈색 종이 한 장이 떠올랐다.

나, 로렌초 데 메디치는

베네치아의 안토니오에게

금화 200피오리노를 피렌체 은행에서

이 날짜로부터 20일 이내에 지급할 것을

하느님의 이름을 걸고 약속한다.

1465년 1월 14일

로렌초 데 메디치 서명

바르디 은행 보증

루피는 곧이어 시스템 창 하나를 공중에 더 띄웠다.

태오의 눈이 커졌다.

"그럼 동전 대신 종이를 가지고 거래한 거네?"

"맞아. 환어음은 12~13세기 무렵 이탈리아에서 발전했어. 베네치아, 피렌체, 제노바 같은 무역 도시에서 널리 사용되었지. 상인들은 이 문서가 있으면 다른 도시의 상인이나 은행가에게서도 돈을 지급받을 수 있었어. 점차 사람들 사이에는 '신뢰를 바탕으로 한 신용 시스템'이 생겨났지."

"우아, 그럼 금화를 일일이 가지고 다닐 필요가 없겠네?"

루피가 허공에 떠 있는 문서를 가리켰다.

"그런 셈이지. 하지만 아무 종이나 다 증표가 될 수 있었던 것은 아니야. 환어음에는 물건을 얼마에 사겠다는 내용, 돈을 지급해야 하는 기한, 이를 보증해 주는 은행의 이름, 그리고 돈을 빌리는 사람의 서명까지 꼭 들어가야 했지.”

태오는 천천히 고개를 끄덕였다.

“오, 생각보다 꼼꼼하네.”

루피가 웃었다.

“그래야 사람들이 믿고 거래할 수 있었거든. 태오야, 이건 꼭 기억해 둬.”

“응, 이제 탐험을 떠나자. 너무 늦겠어.”

“그럼 떠나 볼까?”

둘은 밝은 빛 속으로 빨려 들어갔다.

가짜 환어음을 구별하라

눈을 뜬 태오는 낯선 옷차림에 깜짝 놀랐다.

“어? 지금 내가 입은 이 옷, 뭐지? 중세시대 옷 같은데?”

“태오, 15세기 이탈리아 베네치아에 온 걸 환영해. 내가 재미있는 일이 생길 거라고 했지? 오늘은 태오가 주인공이야.”

루피는 장난스럽게 눈을 찡긋하고 사라졌다. 그 자리에 남은 빛이 서서히 흩어지자, 눈앞에 넓은 항구가 펼쳐졌다. 거대한 배

한 척이 부두에 정박해 있었고, 갑판에서는 사람들이 분주하게 움직이고 있었다.

"조심해! 그 상자는 이쪽으로 옮겨!"

요란한 외침과 함께 화물들이 끊임없이 내려왔다.

향신료와 젖은 나무 냄새가 바람을 타고 흘러왔다. 부두 한쪽에는 배에서 내린 짐이 산처럼 쌓여 있었고, 그 옆에서 사람들이 모여 떠들고 있었다. 태오는 호기심을 참지 못하고 그 무리 쪽으로 다가갔다.

"이 후추를 전부 나에게 넘기시오. 내가 바로 오늘 오기로 약속한 조반니의 조카요."

부유한 상인으로 보이는 사내가 선원들을 설득하고 있었다.

"당신이 진짜 조반니의 조카가 맞소? 이 항구에서 처음 보는 얼굴이라 좀 수상한데."

그러자 다른 한 사람이 재촉했다.

"수상하기는 뭐가 수상해. 조반니가 서명한 환어음을 가지고 왔다는데. 얼른 화물을 넘기고 가자고."

"그런데 이 사람이 내놓은 환어음은 정말 믿을 만한 것이오? 요즘은 위조 환어음도 많던데."

"설마, 가짜일 리가. 우리가 매일 받던 것과 모양이 똑같은데?"

알고 보니 그 선원들 중에는 글자를 아는 사람이 아무도 없었다. 그들은 환어음을 이리저리 돌려보며 얼굴만 찌푸렸다.

그중 한 사내가 갑자기 태오를 툭툭 건드렸다.

"태오, 너 글씨 좀 알잖아. 이거 한번 읽어 봐."

'어? 이 사람은 마치 나를 원래 알고 지낸 사이처럼 친근하게 부르네? 이거구나. 루피가 얘기했던 재미있는 일이.'

생각할 틈도 없이 그 사내가 환어음 종이를 태오의 눈앞에 내밀었다. 태오는 그 종이를 천천히 들여다보았다.

'앗, 그런데 이 환어음은 아까 루피가 보여 준 것과는 조금 다른 것 같아. 물건을 얼마에 사겠다는 약속, 지급일, 돈을 빌리는 사람의 서명…… 아, 보증 은행이 없다!'

태오는 옆에 있는 사내에게 이야기했다.

"이 환어음은 가짜예요. 언뜻 보면 비슷해 보이지만 보증하는 은행의 이름이 안 적혀 있어요."

그러자 환어음을 가지고 온 남자가 험상궂은 표정으로 태오를 윽박질렀다.

"어디서 나타난 꼬마가 감히 이 환어음을 가짜라고 하는 거야?"

그런데 사내에게 멱살을 잡힌 태오의 눈에 말을 타고 다급하게 달려오는 사람이 보였다.

"멈추시오! 내가 바로 조반니요."

사내는 선원들 앞에서 말을 세웠다.

"그자는 유명한 환어음 사기꾼 니콜라요. 내가 이리로 올 때 그의 일당이 일부러 사고를 내서 시간을 끌더니, 가짜 환어음으로 후추를 가로채려고 한 것이오."

그러자 태오의 멱살을 잡고 있던 험상궂은 남자는 얼른 손을 떼더니 사람들 속으로 빠르게 사라졌다. 말을 타고 온 사내는 도망치는 남자를 잠시 지켜보다가 고개를 돌리고 주머니에서 갈색 종이를 꺼냈다. 그는 그것을 펼쳐 보였다.

"내가 가지고 온 것이 진짜 환어음이오. 여기에 후추를 얼마에 사겠다는 약속과 보증을 한 은행, 지급일, 나의 서명이 다 적혀 있소."

후추를 팔러 온 선원들은 그제야 안심하는 표정을 지으며 화물을 넘겼다.

그 순간 태오의 머리 위에 알림창이 열렸다.

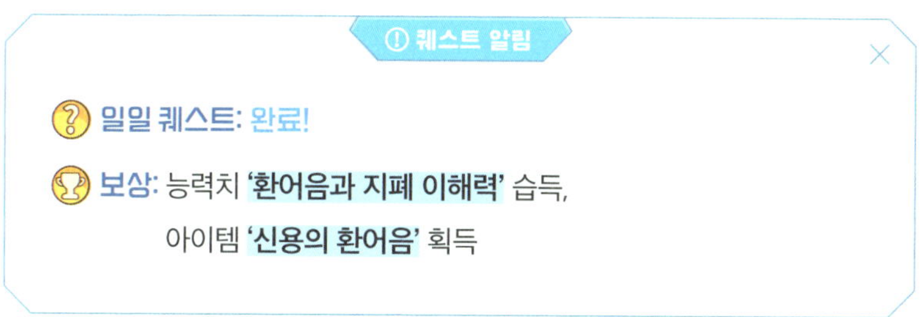

선원들에게서 화물을 건네받은 조반니가 태오에게 말했다.

"태오, 너한테 정말 감사해야겠구나. 마르코호가 향신료를 싣고 이 항구에 도착할 날을 그렇게 기다렸는데, 하마터면 사기꾼에게 후추를 통째로 넘길 뻔했어. 사실 향신료를 잃는 것보다 더 중요한 게 신용인데, 네 덕분에 상인들 간의 신뢰를 지킬 수 있게 되었어. 정말 고맙구나."

"네, 저도 정말 좋은 경험을 했어요."

조반니의 인사를 받고 뒤돌아서는 태오 앞에 '뾰롱' 하는 소리를 내며 루피가 나타났다.

"태오, 오늘 너무 멋졌어! 위조 환어음을 찾아 내다니!"

"히히, 이 정도는 별거 아니지."

집으로 돌아온 태오는 한동안 잠자리에 들지 못했다. 가짜 환어음 때문에 사람들이 서로 의심하고 다투던 모습이 계속 떠올랐다.

'종이 한 장이 이렇게 큰 혼란을 만들 수 있다니……'

태오는 책상 앞에 앉아 지도를 바라보다가 루피를 불렀다.

"루피, 환어음이 지폐의 아버지라고 했잖아. 그럼 유럽에서는 언제 지폐가 등장한 거야?"

“좋아. 태오가 궁금한 게 많구나.”

루피가 쾌활하게 말했다.

“유럽에서는 수백 년 동안 환어음이 널리 쓰였어. 멀리 떨어진 곳에서도 돈을 안전하게 주고받을 수 있었거든. 환어음은 은행 제도가 발전하는 데 큰 역할을 했지.”

“그럼 지폐는 언제부터 생긴 거야?”

“17세기 초가 되자, 유럽의 은행들이 환어음을 응용해서 일반 시민에게 ‘돈 지급을 약속하는 문서’를 발행하기 시작했어. 은행들이 저마다 화폐를 찍어 내기 시작한 거지. 이런 문서를 ‘은행권’ 또는 ‘은행지폐’라고 불러. 그러다가 1661년, 스웨덴의 스톡홀름 은행이 세계 최초로 정부가 공인한 지폐를 발행했어.”

태오는 루피에 대답에 잠시 생각하다가 다시 물었다.

“근데 아시아는 어땠어? 언제 동전 대신 지폐를 쓴 거야?”

아시아 최초의 지폐

루피가 태오를 바라보며 차분히 말했다.

“아시아에서는 유럽보다 훨씬 이른 시기에 지폐가 등장했어.

중국에서는 오래전부터 청동으로 만든 엽전을 사용했는데, 무게가 무거워서 값비싼 물건을 거래하거나 먼 곳으로 옮길 때 불편을 겪었어.”

“으악, 철로 만든 동전이면 엄청 무거웠겠다.”

“맞아. 그래서 이 문제를 해결하려고 11세기 송나라에서 ‘교자’라는 지폐가 등장했어.”

“그게 세계 최초의 지폐야?”

“정확히 말하면, 세계 최초의 ‘법정 지폐’야. 국가가 책임지고 가치를 보장하는 돈이라는 뜻이야. 교자는 일정한 조건 아래에서 금속 화폐와 바꿀 수 있었지.”

태오는 눈을 깜빡이며 물었다.

“그럼 지금 우리가 쓰는 지폐랑 제일 비슷한 건 뭐야?”

“그건 13세기 후반 원나라의 황제 쿠빌라이 칸이 만든 지폐야.”

루피가 천천히 설명을 이어 갔다.

“이 지폐는 금이나 은으로 바꾸기 위해 만든 게 아니었어. 종이 자체에는 가치가 없지만, 사람들이 믿기 때문에 돈으로 사용할 수 있었지. 이렇게 사람들의 신뢰로 가치가 유지되는 돈을 ‘명목 화폐’라고 불러. 오늘날 우리가 사용하는 지폐는 나라가 공식적으로 인정한 법정 지폐이면서 동시에 명목 화폐인 셈이야.”

"금, 은 같은 귀한 금속으로 만든 동전이 가벼운 종이일 뿐인 지폐에 자리를 내어 주다니! 동양에서는 동전보다 지폐가 먼저 발달했다는 게 정말 신기한데?"

태오는 시간이 흐르며 발전하는 화폐의 역사가 점점 더 흥미진진했다. 내일은 어떤 탐험을 할까 기대하며 깊은 잠에 빠졌다.

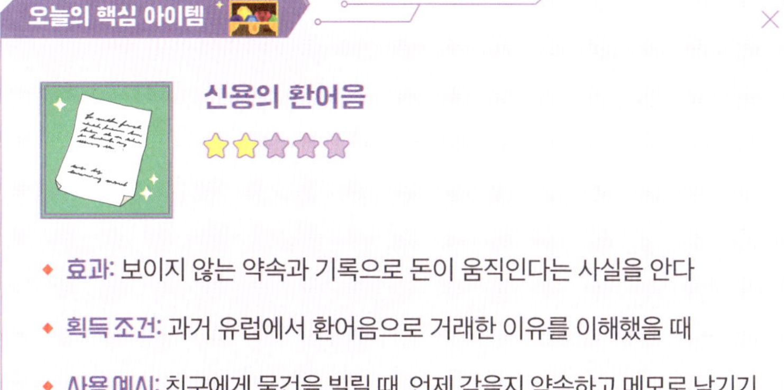

중앙은행의 역할

경제의 심장을 이해하라

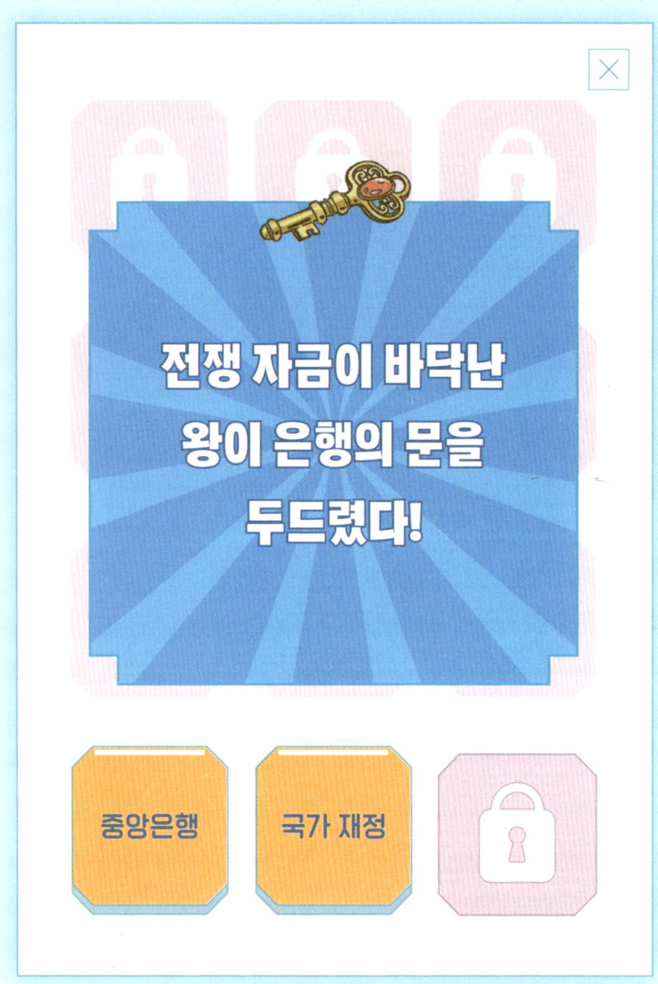
전쟁 자금이 바닥난
왕이 은행의 문을
두드렸다!
중앙은행
국가 재정

국가를 관리하는 은행의 탄생

태오의 머릿속에서는 며칠 동안 이어진 탐험이 계속 맴돌았다. 화폐가 시간이 흐르며 다양한 모습으로 변해 왔다는 사실이 태오를 쉽게 잠들지 못하게 했다.

'과거 유럽에서는 은행마다 다른 화폐를 발행했다고 했지. 저마다 다른 돈을 쓰면 얼마나 불편했을까?'

태오는 침대에 누워 천장을 바라보다가 몸을 벌떡 일으켰다.

'지금처럼 한 나라에서 같은 돈을 쓰게 된 건 언제부터였을까?'

시계를 보니 아직 자정까지 조금 남아 있었다. 태오는 조용히 책상 앞에 앉아 지도를 펼쳐 놓고 기다렸다.

시계가 12시를 가리키는 순간, 지도 위의 선들이 희미하게 빛났다. 잠시 후, 익숙한 목소리가 들렸다.

"오늘은 벌써 준비하고 있었네?"

태오는 놀라 고개를 들었다. 어느새 루피가 창가를 맴돌고 있었다. 루피는 웃으며 알림창을 띄웠다.

"중앙은행? 그건 보통의 은행과는 다른 건가? 루피, 오늘 퀘스트는 좀 어렵겠는걸?"

"태오, 걱정하지 마! 그럼 출발하기 전에 중앙은행이 뭔지 얼른 알아볼까?"

루피가 몸을 빛내며 알림창을 띄웠다.

중앙은행

한 나라의 돈과 금융을 관리하는 역할을 하는 은행이다. 화폐를 발행하고, 시중에 도는 돈의 양을 조절해 물가와 경기를 안정시킨다. 또 은행들이 위기에 처했을 때 마지막으로 돈을 빌려주는 역할을 하며, 금융 시스템이 무너지지 않도록 지켜 준다.

“한 나라를 관리하는 은행이라…….”

“자, 오늘 재미있는 광경을 보게 될 거야. 얼른 출발해 보자!”

태오와 루피는 순식간에 빛 속으로 떠올랐다. 눈을 떴을 때, 태오는 마차와 시장의 소리가 뒤섞인 런던의 한복판에 서 있었다.

영국을 구한 영란은행

“너는 누구니?”

누군가 태오의 어깨를 툭 쳤다. 그때 루피가 옆에서 속삭였다.

“이 사람은 17세기 영국의 은행가인 윌리엄 패터슨이야. 영국의 중앙은행인 영란은행의 탄생에 아주 중요한 역할을 한 인물이지.”

“제 이름은 태오예요. 아저씨는 윌리엄 패터슨 씨죠? 그런데 지금 어딜 가시는 거예요?”

“새로운 계획을 제안하러 의회에 가는 중이란다. 국왕 폐하에게 돈을 빌려주는 대신, 새로운 은행을 만드는 걸 제안하려고.”

“은행이…… 국왕에게 돈을 빌려줘요?”

“그렇지! 그것이 바로 영국을 구할 유일한 방법이란다.”

“은행이 국가를 구한다고요? 무슨 말씀인지 잘 이해가 안 가네요. 혹시 저도 따라가도 될까요?”

“그래. 따라오렴. 넌 오늘 은행의 역사에서 아주 놀라운 장면을 보게 될 거야.”

잠시 후 태오는 윌리엄 패터슨과 의회에 들어섰다. 사람들의 어수선한 대화 소리 속에서 언뜻 영국의 국왕 윌리엄 3세가 프랑스와의 전쟁으로 국고를 바닥냈다는 이야기가 들렸다.

“프랑스와 선쟁이 끝나지 않았는데, 지금 영국 정부와 국왕에게 더는 자금이 없습니다.”

윌리엄 패터슨이 앞으로 나서며 말했다.

“폐하, 지금의 영국을 지키려면 더 많은 전쟁 자금이 필요합니다. 국가가 국민에게서 돈을 빌리면 어떻겠습니까?”

그는 잠시 숨을 고르고 말을 이었다.

“국민들이 나라의 약속을 믿고 은행에 돈을 내면, 저희는 그 자금을 모아 폐하께 빌려드릴 수 있습니다. 그 돈으로 프랑스와의 전쟁에서 반드시 승리하셔야 합니다.”

그는 한 걸음 더 앞으로 나섰다.

“이를 위해 지금까지와는 다른 새로운 은행이 필요합니다. 폐하의 허락 아래 ‘영란은행’을 세우게 해주십시오. 그리고 저희 은행에 국가의 대출을 책임지고 관리할 권한을 주신다면, 영국의 재정을 안정시키겠습니다.”

“은행이 왕에게 돈을 빌려준다고?”

“독점적인 은행을 설립한다고?”

처음 듣는 말에 의회 여기저기서 입씨름이 벌어졌다. 사람들의 의견을 조용히 듣던 국왕은 고개를 끄덕였다.

“좋소. 어떻게든 이 나라를 살릴 수 있다면.”

윌리엄 패터슨의 얼굴에 미소가 떠올랐다. 그리고 태오에게 작게 속삭였다.

“태오, 영란은행은 평범한 은행이 아니라 정부가 믿고 돈을 빌릴 수 있는 금융 기관이 될 거야. 앞으로 영란은행이 어떻게 발전하는지 두고 보렴.”

“오! 대단한데요. 은행이 나라를 위기에서 구하다니! 은행이 이런 일도 하는지 정말 몰랐어요.”

“정부가 위기에 빠진 것이 우리 은행가들에게는 오히려 이렇게 기회가 되는구나.”

“패터슨 씨, 그럼 정부에 돈을 빌려줄 때는 공짜인가요?”

“그렇지는 않지. 은행은 이득을 목표로 해야지. 우리는 국왕에게 8퍼센트의 이자를 받을 예정이야. 정부는 이자만 잘 내면 돈을 빨리 갚지 않아도 되고 큰돈을 빌릴 수도 있으니 좋지. 우리는 떼일 염려 없이 확실한 이자 소득을 얻어서 좋고."

"우아, 은행이 나라에 큰 도움을 주면서도 이익까지 내는 거네요."

국가의 화폐가 하나로 통일되기까지

윌리엄 패터슨과 헤어져 의회에서 나온 태오는 루피를 소환했다.

"루피, 난 은행들은 모두 국가보다 아래에 있다고 생각했는데…… 혹시 영란은행의 미래를 살짝 알려줄 수 있어?"

"좋아. 태오가 패터슨 씨 곁에서 본 것처럼, 영란은행은 1694년 영국이 프랑스와 '대동맹 전쟁'을 벌인 시기에 필요한 전쟁 자금을 마련하기 위해 탄생했어. 처음에는 정부에 돈을 빌려주는 역할만 했지만, 점차 정부의 빚을 관리하고 화폐를 발행하는 중요한 일도 맡게 되었지. 그래서 영국 금융의 중심이 되었어."

"그렇구나. 그 뒤로 영국 정부가 위기에 빠진 적은 없었어?"

"있었지. 국가 간 전쟁은 계속 벌어졌으니까."

루피가 잠시 말을 멈췄다가 다시 이어 말했다.

"19세기 초, 프랑스의 나폴레옹이 여러 나라를 침략하면서 큰 전쟁이 벌어졌어. 이때도 영란은행은 영국 정부에 전쟁 자금을 지원하며 중요한 역할을 했지. 이런 과정을 거치면서 중앙은행이 발행한 화폐는 점점 금융의 중심으로 자리 잡았어. 게다가 이 시기의 화폐는 금으로 바꿀 수 있었기 때문에 사람들은 돈을 믿고 사용할 수 있었어."

"오, 영란은행은 패터슨 씨가 말한 대로 영향력을 키웠구나!"

"맞아. 영란은행이 17세기에 처음 설립됐을 때는 직원이 19명 뿐이었지만, 1914년쯤에는 약 4,000명까지 늘어났어. 영국 곳곳에 지점도 늘어났어. 1946년에는 영국 정부가 영란은행을 국가

영국의 중앙은행인 영란은행

경제의 심장을 이해하라

의 소유로 만들었어. 이렇게 영란은행은 정부의 돈을 관리하는 핵심적인 역할을 맡게 되었지.”

“지금은 어떤 일을 가장 많이 해?”

“나라 안에 돈이 너무 많아지면 발행을 줄이고, 반대로 돈이 부족하면 발행을 늘려. 다른 은행들이 어려움에 처했을 때 돈을 빌려주기도 하지. 그래서 영란은행을 ‘은행의 은행’, 즉 중앙은행이라고 부르는 거야.”

태오가 탄성을 내뱉었다.

“오! 정말 멋진데? 그리고 중앙은행에서만 화폐를 발행하면 자연히 나라의 화폐가 한 가지로 통일되겠네.”

“그렇지, 태오. 이제 하나를 알려주면 열을 아는데?”

태오의 머리 위로 ‘띠링’ 소리와 함께 시스템 창이 떠올랐다.

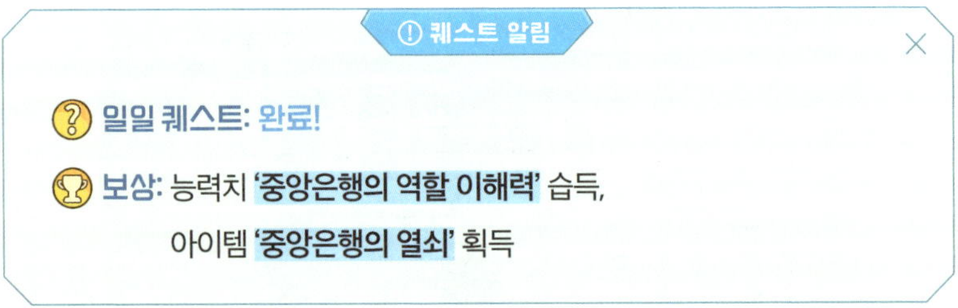

태오는 새로운 아이템을 보고 잠시 생각에 잠겼다.

‘아하! 오늘 중앙은행에 침투하는 퀘스트는, 중앙은행이 탄생한 이유를 알기 위한 거였네. 이 아이템은 은행이 화폐의 역사에서 열쇠처럼 중요한 역할을 한다는 뜻이겠지. 이것도 가상 지갑에 보관하자!'

국가 경제를 떠받치는 중앙은행의 역할

집으로 돌아온 태오는 중앙은행에 대해 더 궁금해졌다. 한참 골똘히 생각하다가 결국 황금 동전을 눌러 루피를 불렀다.

"루피, 은행이 처음부터 지금 같은 모습은 아니었겠지?"

"그렇지. 유럽에서 처음으로 은행과 비슷한 역할을 한 사람들은 금을 보관하던 금 세공인들이었어. 사람들이 금을 맡기고도 한꺼번에 찾아가지 않는다는 걸 알게 되자, 남은 금을 다른 사람에게 빌려주기 시작했지. 이게 은행의 시작이야."

"그럼 처음엔 다 정부에 속하지 않는 민간은행이었겠네?"

"맞아. 상인들이 돈을 모아 은행을 세웠어. 그런데 점점 정부가 특정 은행을 공식적으로 밀어주기 시작했고, 그러면서 각 나라에 중앙은행이 생겼어. 대표적인 예가 바로 영란은행이야. 태오, 이탈리아에서 가짜 환어음을 구별했던 거 기억나지?"

태오가 웃으며 큰 소리로 대답했다.

"그럼, 그때 얼마나 짜릿했는데!"

루피는 미소를 지으며 설명을 이어 갔다.

"그때 은행이 만든 환어음이나 지폐는 위조되기 쉬웠고, 은행이 망하면 휴지처럼 가치가 사라질 위험이 있었어. 그래서 사람들은 점점 정부가 보증하는 지폐를 더 믿게 됐고, 그게 오늘날 우리가 쓰는 지폐의 시작이야."

"영국에서는 영란은행만 지폐를 찍었어?"

루피는 고개를 가로저었다.

"아니, 처음엔 다른 은행들도 지폐를 발행할 수 있었어. 하지만 1844년 은행법이 만들어진 이후에는 영란은행만 새 지폐를 발행할 수 있게 되었지. 이때부터 영란은행은 영국의 중앙은행이 된 거야."

태오가 잠시 생각하다가 고개를 끄덕였다.

"은행마다 다르게 발행한 화폐가 정부가 인정하는 하나의 화폐로 통일되는 과정이 꽤 복잡하네."

루피가 웃었다.

"하하, 처음부터 정부가 보증한 돈만 발행한 나라도 있어. 바로 미국이야. 남북전쟁 시기였던 1863년, 링컨 대통령은 연방은행법을 만들어서 연방은행만 돈을 발행하게 했지.”

“은행의 탄생도 재미있고, 중앙은행이 만들어지는 과정도 신기하네. 루피, 오늘도 고마워. 안녕!”

루피가 사라진 뒤, 태오는 침대에 누웠다. 은행이 한 나라의 경제와 정치까지 움직일 수 있다니, 신기하면서도 조금 무서웠다.

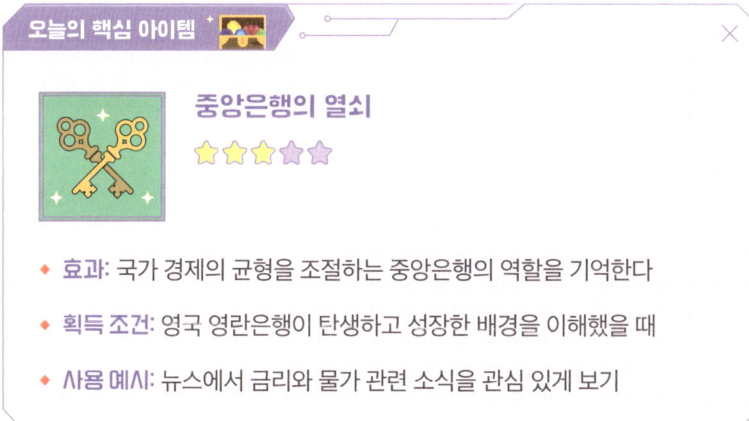

세계 경제의 중심, 달러

기축 통화의 힘을 밝혀라

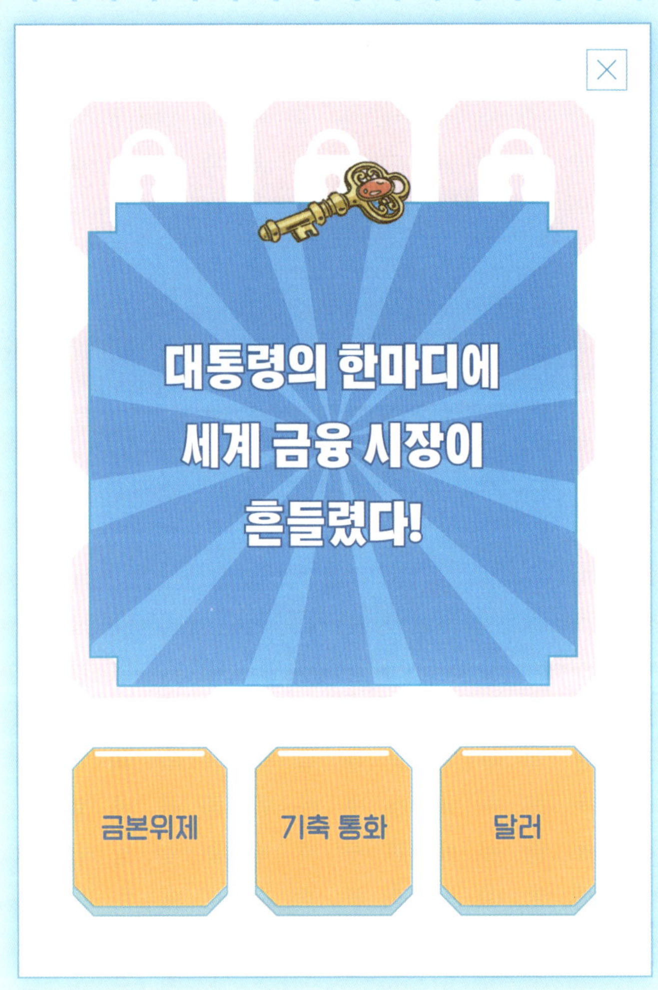

대통령의 한마디에
세계 금융 시장이
흔들렸다!
금본위제
기축 통화
달러

돈의 가치를 금으로 매긴 제도

다음 날 아침, 태오가 거실로 나와 보니 어머니와 아버지께서 국제 뉴스를 보며 대화를 나누고 있었다.

"요즘 여러 나라의 중앙은행들이 금을 많이 사들이고 있어. 금은 경제 위기에서도 가치가 비교적 안정적이니까."

태오는 어머니의 말을 듣다가 큰 소리로 알은체를 했다.

"엄마, 저도 중앙은행이 뭔지 알아요. '정부의 은행'이면서 '은행들의 은행'이죠? 화폐 발행량을 늘리기도, 줄이기도 하고요."

태오는 깜짝 놀라는 어머니의 표정을 보자 짜릿한 기분이 들었다. 어른들의 대화에 조금은 끼어들 수 있게 되었다는 생각에 어깨도 으쓱해졌다. 한밤중에 루피를 만나면 오늘 있었던 일을 꼭 자랑해야겠다는 생각에 괜히 더 신이 났다. 12시가 되자 태오는 지도를 펼치고, 환하게 빛나는 알림창을 바라보며 동전의 사자상을 꾹 눌렀다. 루피가 나타날 때 들리는 '뾰롱' 소리가 오늘따라 경쾌한 노래처럼 들렸다.

루피와 눈을 마주치자마자 태오는 신이 난 얼굴로 말을 쏟아냈다.

"루피, 안녕! 오늘 엄마가 뉴스를 보며 중앙은행 이야기를 했거든? 내가 아는 척을 좀 했어. 그랬더니 엄마가 깜짝 놀라면서 칭찬까지 해줬어!"

"우아! 태오, 진짜 기분 좋았겠다!"

"응! 매일 밤 화폐 탐험을 하니까 경제 뉴스도 점점 재미있어. 이제는 조금씩 알아듣는 것도 있고. 정말 좋은 것 같아."

태오는 루피를 위아래로 살펴보다가 눈을 반짝였다.

"어? 그런데 루피, 또 옷 바꿨네? 금으로 반짝이는 모자에…… 옷도 달러 무늬야!"

"어때? 잘 어울려? 힌트를 위해 신경 좀 썼어."

"아주 멋있어. 안 그래도 뉴스에 달러 얘기가 정말 많이 나오던 데…… 오늘 퀘스트에서도 아주 중요한가 봐. 그럼 영란은행이 생긴 후 무슨 일이 일어난 거지?"

루피가 차분한 목소리로 설명을 시작했다.

"영란은행이 설립된 뒤, 세계 경제에서 영국의 역할이 점점 커졌어. 산업혁명을 계기로 산업과 경제가 동시에 성장한 영국은 전 세계 무역과 금융의 중심지로 떠올랐어. 그 결과 영국의 화폐인 파운드는 세계에서 가장 중요한 화폐가 됐지. 이때 영국은 금본위제를 바탕으로 높아진 화폐의 가치를 유지했어."

"금본위제가 뭐야?"

"금본위제를 한마디로 말하자면, 돈의 가치를 '금'으로 매기는 제도야."

루피가 작은 시스템 창 하나를 공중으로 쏘아 올렸다.

금본위제

화폐의 가치를 금의 양에 연결해 정한 제도. 국가는 돈을 일정한 비율의 금으로 바꿔 주겠다고 약속했다.

태오는 화면을 바라보며 고개를 끄덕였다.

"그렇구나. 예전에 환어음을 금으로 바꾼 것과 비슷하네."

"맞아, 태오. 1816년 영국은 금본위제를 도입해서 파운드의 가치를 금과 연결했어. 금이 귀해지면 파운드의 가치도 오르는 거지. 그런데 2차 세계대전을 겪으면서 파운드보다 달러가 더 중요한 화폐가 되었어."

태오의 목소리가 높아졌다.

"언제부터? 그 순간을 오늘 볼 수 있는 거야? 너무 설레는데?"

루피가 태오를 향해 방긋 웃었다.

"자, 그럼 오늘의 탐험을 시작해 볼까?"

둘은 빛 속으로 떠올랐다가 어느 건물 안으로 내려앉았다. 멀리서 사람들이 웅성거리는 소리가 들렸다.

"루피, 여기는 어디야?"

"1944년 7월, 미국 동부에 있는 브레턴우즈라는 마을의 한 호텔 안이야. 여기서 '브레턴우즈 협정'이라는 아주 중요한 회의가 열리고 있어. 우리도 들어가 보자."

세계가 하나의 돈을 선택하다

태오와 루피는 회의실 안으로 들어갔다. 회의장 안에는 44개국에서 온 730명의 대표들이 모여 있었다.

그중 한 남자가 자신을 미국 대표라고 소개하며 앞으로 나섰다.

"2차 세계대전이 이제 끝나 갑니다. 우리는 무너진 세계 경제를 다시 일으켜 세워야 합니다. 혼란을 막으려면 미국을 중심으로 안정적인 금융 질서를 만들어야 합니다! 그러기 위해서 각국은 이제 금 대신 달러를 비축하면 됩니다."

프랑스 대표가 물었다.

"그러면 우리는 금 대신 미국 돈을 믿어야 한다는 건가요?"

미국 대표가 자신 있는 목소리로 말했다.

"맞습니다. 각국 화폐를 달러로 계산하고 '금 1온스= 35달러'라고 기준을 정하는 거지요. 미국은 언제든 달러를 금으로 교환해 줄 것을 약속합니다. 미국은 세계 최대의 금 보유국이기도 합니다."

잠시 휴식 시간을 갖는 동안, 태오는 휴게실에서 가슴에 영국 국기를 단 채 우울한 표정을 짓는 한 남자에게 다가갔다.

"이제 파운드 대신 달러가 세계에서 가장 힘센 돈이 되는 건가요?"

남자는 쓸쓸히 웃었다.

"힘센 돈? 그렇지. 1차, 2차 세계대전을 치르며 영국은 힘이 약해졌어. 유럽의 많은 나라가 전쟁을 치르면서 미국에 빚을 지게 됐단다. 이제 세계 경제는 미국의 화폐에 기대게 될 거야. **기축 통화**가 파운드에서 달러로 바뀔 테니까."

"기축 통화요?"

"그래. 기축 통화는 세계 경제의 기준이 되는 돈이란다. 이제는 국가 간의 무역에서 달러를 쓰게 될 거야."

말을 마치고 남자는 빠른 걸음으로 회의장 안으로 향했다.

태오는 손안의 황금 동전을 살짝 눌러 루피를 소환했다.

"루피, 기축 통화에 대해 좀 더 자세히 설명해 줄래?"

루피의 몸에서 빛이 나오자 작은 화면이 떠올랐다.

기축 통화

세계 여러 나라가 기준으로 삼는 돈을 뜻한다. 1944년, 2차 세계대전이 끝날 무렵 열린 브레턴우즈 협정에서 미국 달러는 세계의 기축 통화가 되었다. 당시 미국은 전쟁 피해가 거의 없었고, 세계에서 가장 강한 경제력을 가진 나라였다.

루피가 화면 앞에서 몇 마디를 덧붙였다.

"미국은 금도 가장 많이 보유하고 있었어. 그래서 미국은 '달러를 금과 바꾸어 주겠다'고 약속했고, 다른 나라들은 자기 나라의 돈을 달러로 계산하는 방식으로 환율을 정했어. 이때부터 달러는 미국만의 화폐가 아니라, 세계의 기준이 되었지. 지금도 우리는 석유 같은 국제 상품을 달러로 거래하고 있어."

태오는 고개를 크게 끄덕였다.

"우아, 전 세계가 함께 쓰는 화폐가 등장한 것과 마찬가지구나. 그러고 보니 낮에 엄마는 요즘 여러 나라가 달러 의존도를 줄이려고 금을 사들인다고 했어."

"그렇지. 브레턴우즈 협정을 시작으로, 전 세계가 달러에 의존하게 된 거지."

미국의 100달러 지폐

"그런데 미국이 달러를 금으로 바꿔 준다고 했잖아. 금이 다 떨어지면 어떻게 돼?"

루피가 태오에게 눈을 찡긋했다.

"태오, 그러면 어떤 일이 일어나는지 직접 살펴보자!"

루피가 반짝 빛나더니 공중에서 가볍게 한 바퀴를 돌았다.

금본위제 시대가 끝나다

"여기는 1971년 8월, 미국의 백악관 앞입니다."

루피가 뉴스 아나운서처럼 말했다. 그제서야 태오는 거리에 설치된 대형 스크린 앞에 사람들이 빼곡히 모여 있는 걸 알아챘다. 모두 숨을 죽인 채, 닉슨 대통령의 특별 담화를 듣고 있었다.

"이제 미국은 달러를 금으로 바꾸어 주지 않을 것입니다."

태오는 깜짝 놀랐다.

"금으로 바꿔 주지 않는다고? 그럼 종이 돈은 그냥…… 종이잖아?"

대통령의 발표는 계속 이어졌다.

"이 조치는 달러를 지키기 위한, 더 나아가 미국 경제를 보호하기 위한 선택입니다.”

태오 옆에 서 있던 한 신문기자가 혀를 끌끌 찼다.

“사실상 금본위제의 사망 선고지.”

긴 코트를 걸친 중년 남자도 고개를 끄덕였다.

“베트남 전쟁을 치르느라 돈을 너무 많이 썼거든. 금의 양은 한정되어 있는데, 달러를 계속 찍어 냈지. 세계 경제까지 흔들리니 외국 정부들이 달러를 금으로 바꿔 달라고 몰려들었고…… 미국도 이제 더는 버틸 수 없었던 거야.”

그 순간, 태오의 머리 위로 ‘띠링’ 하는 효과음과 함께 시스템 창이 열렸다.

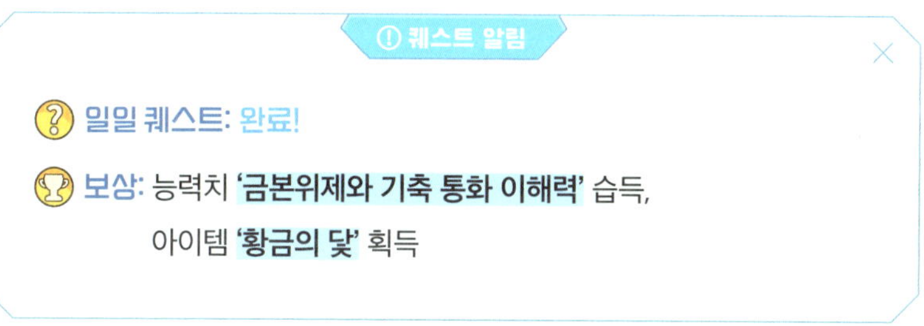

“황금의 닻? 기축 통화를 상징하는 듯한 보상인데? 이것도 가상 지갑에 보관하자!”

태오는 반짝이는 아이템을 가상 지갑에 소중히 넣었다.

집으로 돌아온 태오는 오늘 본 일이 계속 마음에 걸렸다. 결국 황금 동전을 눌러 루피를 불렀다.

"루피! 아까 닉슨 대통령의 연설을 들었어. 사람들이 금본위제가 끝났다고 난리가 났던데…… 그게 그렇게 큰일이야?"

루피가 진지한 표정으로 대답했다.

"응, 아주 큰 변화야. 그날 이후 세계 경제가 완전히 달라졌거든. 앞서 살펴봤듯이 금본위제는 돈을 금으로 바꿀 수 있도록 약속한 제도야. 사람들이 종이 돈을 믿고 쓸 수 있었던 이유도, 언제든 금으로 바꿀 수 있다고 생각했기 때문이지. 그런데 시간이 지나면서 문제가 생겼어."

루피의 목소리가 조금 낮아졌다.

"미국은 달러를 금보다 훨씬 많이 만들어 냈거든. 그런데 세계 여러 나라가 달러를 금으로 바꾸려고 하자, 금이 점점 부족해졌어."

태오는 숨을 삼켰다.

"그럼 미국이 약속을 지킬 수 없게 된 거네?"

"바로 그거야. 결국 1971년 미국은 달러를 더는 금으로 바꿔 주지 않겠다고 선언했어. 그 순간 금본위제 시대가 끝난 거지."

태오는 잠시 생각에 잠겼다.

“그럼 지금 돈은…… 금 때문이 아니라 사람들이 믿기 때문에 쓰는 거야?”

루피가 고개를 끄덕였다.

“응. 지금은 나라와 정부에 대한 믿음이 돈의 가치를 결정해. 그래서 달러 같은 돈이 세계 경제에 큰 영향을 주는 거야.”

오늘 본 장면이 다시 떠오르자, 태오는 마음이 묘하게 두근거렸다. 전 세계가 화폐를 통해 하나의 경제 체제로 묶이고, 눈에 보이지 않는 믿음이 세계를 움직이고 있다는 사실이 신기했다.

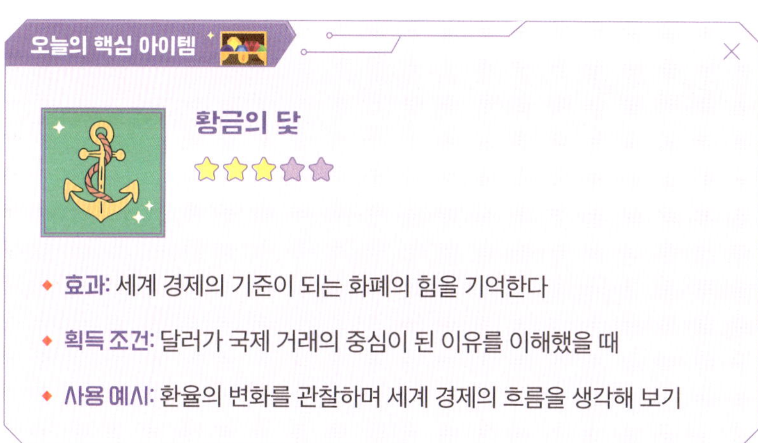

우리나라 돈의 역사

엽전에서 지폐까지,
변화를 밝혀라

조선의 시장에
낯선 동전이 등장했다!
상평통보
화폐 개혁

우리나라 최초의 동전을 찾아서

태오는 학교에서 화폐 박물관으로 현장 체험학습을 다녀왔다. 박물관 구석구석을 둘러보느라 잔뜩 피곤해진 태오는 밤이 되자 책상에 앉은 채 꾸벅꾸벅 졸기 시작했다. 그때 휴대폰에서 12시를 알리는 알람 소리가 울렸다. 태오는 깜짝 놀라 눈을 떴다. 몸은 피곤했지만, 곧 루피와 함께할 탐험을 떠올리자 가슴이 두근거렸다. 오늘 박물관에서 본 우리나라의 옛 화폐들이 언제, 어떻게 처음 생겨났는지 직접 확인해 보고 싶었다.

태오는 서둘러 지도를 펼쳐 황금 동전을 눌렀다. 그러자 지도 위로 알림창이 번쩍이며 열렸다. 빛이 퍼지는 가운데, 루피가 환하게 웃으며 나타났다. 머리에는 검은 갓을 쓰고 있었다.

"루피, 갓이 잘 어울리네! 혹시 오늘은 우리나라의 화폐를 탐험하게 되려나? 그렇지 않아도 우리나라 화폐에 대해 알아보고 싶었어. 오늘 낮에 화폐 박물관에 다녀왔거든. 신난다!"

"하하, 우린 이제 절친이잖아. 텔레파시가 통했나 봐."

"그럼 오늘은 민속촌 같은 곳으로 가는 거야?"

"아마 비슷할걸? 자, 떠날까? 태오?"

루피의 말이 끝나자마자 태오와 루피는 눈 깜짝할 사이에 공중으로 떠올랐다.

잠시 후 태오는 어수선한 소음이 들리는 공간에서 눈을 떴다. 치마저고리를 입은 여자들과 넓은 소매의 도포에 삿갓을 쓴 남자들이 지나다니고 있었다.

"여기는 1700년대 조선 한양의 시장이야."

태오는 입이 떡 벌어졌다.

"오, 사극 속으로 들어온 것 같아. 옛날 시장은 이렇게 생겼구나."

"그럼 잠시 구경을 좀 해볼까?"

시장 안은 사람들로 북적였다. 송아지를 몰고 오는 사람도 있었고, 닭을 품에 안은 채 걸어오는 사람도 보였다. 어떤 사람은 돼지의 네 다리를 꽁꽁 묶어 어깨에 메고 있었고, 어떤 사람은 생선을 주렁주렁 엮어 들고 있었다. 땔나무나 누룩을 등에 지고 오는 사람, 쌀 포대를 어깨에 메거나 곶감이 든 바구니를 안고 가는 사람도 눈에 띄었다.

"우아, 너무 신기하다! 옛날 시장이랑 상점을 이렇게 눈앞에서 보다니."

태오가 두리번거리며 말했다. 그러다 문득 고개를 갸웃했다.

"그런데 루피, 사람들이 물건을 사고파는 걸 보니까 이미 화폐를 쓰는 것 같은데?"

태오는 한 상인의 손에 들린 동전을 가리켰다.

"저거 혹시…… 상평통보 아냐?"

"태오, 그걸 어떻게 알아?"

"낮에 화폐 박물관에서 열심히 보고 왔지. 하하."

태오가 장난스럽게 웃다가 이내 상인들이 물건을 주고받는 모습에 집중했다.

"어? 그런데 저 사람들은 화폐를 안 쓰고 물건을 그냥 바꾸네? 왜 저래?"

“좋은 질문이야.”

루피가 웃으며 말했다.

“그럼 우리나라 화폐의 역사를 아주 간단하게 정리해 볼까?”

“응! 알려줘, 루피.”

“우리나라도 고대에 물물교환의 시대를 거쳤어. 필요한 물건을 다른 물건과 직접 바꿨지. 그러다 점점 쌀이나 베, 조개껍데기, 옥 같은 특정한 물건만 거래 수단으로 쓰이기 시작했어.”

태오가 잠시 고개를 숙이며 생각에 잠겼다.

“근데 그것도 불편했겠지?”

“맞아. 정해진 기준이 없었거든. 기록에 남아 있는 가장 오래된 화폐로는 기원전 957년쯤 기자조선에서 썼다고 전해지는 ‘자모전’이 있지만, 전설적인 화폐일 뿐 고고학적인 증거가 있는 건 아니야.”

루피가 말을 이었다.

“그 뒤 고려 시대인 996년에 엽전 모양의 ‘건원중보’가 만들어졌어. 우리나라 역사상 철로 만든 최초의 동전이야. 이건 실물도 남아 있어. 하지만 문제가 있었지. 나라에서 동전을 만들어도, 백성들은 여전히 쌀이나 베 같은 물건을 많이 쓴 거야.”

“그래서 잘 안 쓰였구나.”

"맞아. 고려 충렬왕 때는 원나라 지폐인 '보초'도 들어왔지만, 이것도 주로 외국과의 교역에서만 사용됐어. 사람들 마음속에서는 여전히 화폐가 낯선 존재였던 거지."

루피는 잠시 주변 시장을 둘러보다가 말했다.

"실제로 고려 시대의 소설 중에는 화폐를 나쁜 사람에 비유한 이야기도 있어. 그만큼 사람들에게 화폐는 아직 믿기 어려운 존재였다는 뜻이야. 조선 시대에도 화폐를 쓰려는 시도는 계속됐어. 태종 때는 한지에 글을 적은 '저화'라는 지폐를 만들었고, 관리들에게 월급으로도 줬지. 안 쓰면 벌을 주기까지 했어. 그런데 나라 재정이 불안해지고, 백성들의 신뢰도 얻지 못하면서 결국 실패했어."

태오가 물었다.

"세종대왕 때도 화폐를 만들지 않았어?"

"응. 집집마다 구리를 모아 '조선통보'라는 화폐를 만들었어. 하지만 여전히 물물거래가 많아서 이것도 널리 퍼지지는 못했지."

그때 루피가 살짝 목소리를 높였다.

"그리고 드디어! 숙종이 다스리던 1678년, '상평통보'가 등장해. 이건 전국에서 실제로 널리 쓰인 화폐라고 할 수 있어."

루피는 시장을 가리켰다.

"지금 사람들이 쓰고 있는 동전이 바로 상평통보야."

"저 동전이 나타나기까지 정말 많은 일이 있었구나!"

태오가 감탄하며 말했다.

"긴 세월 동안 많은 왕이 화폐를 만들어 자리 잡게 하려고 애썼네. 그럼 우리나라 최초의 진정한 화폐는 상평통보라고 볼 수 있겠네?"

"그래. 전국의 백성들이 실제로 사용했다는 점에서는 그렇게 말할 수 있어."

태오는 고개를 끄덕이다가 다시 시장을 둘러봤다.

"그런데 루피, 이상해. 시장에서 거래하는 걸 보니까 상평통보를 안 쓰는 사람들도 있네. 화폐를 쓰는 게 훨씬 편할 텐데, 왜 그

조선의 상평통보

렇지?"

루피가 의미심장하게 웃었다.

"그건 태오가 직접 알아보는 게 좋겠어."

화폐가 조선 사회에 자리 잡기까지

태오는 커다란 쌀 포대를 곁에 두고 손님맞이에 여념이 없는 어느 상인에게 다가갔다.

"아저씨, 그런데 왜 상평통보를 안 받고 쌀로 물건을 파세요?"

아저씨는 고개를 절레절레 흔들었다.

"동전? 그거 사기야. 가짜가 너무 많거든."

"가짜요?"

상인은 손사래를 치며 말했다.

"그렇지. 시장에 가짜 동전이 넘쳐나는데 어떻게 안심하고 쓸 수 있겠어. 고려 시대에도 은화에 구리를 섞어 백성들을 속였다더니, 수백 년이나 지났지만 지금도 동전은 믿을 게 못 돼."

태오는 침을 한번 꿀꺽 삼켰다가 다시 물었다.

"혹시 다른 이유도 있어요?"

태오의 질문에 상인은 잠시 생각하다가 말했다.

"있지. 사실 상평통보보다 구리값이 더 비쌀 때가 많거든. 그래서 어떤 사람들은 상평통보를 모아 녹여서 구리로 팔았어. 그게 더 이익이었지. 그러다 보니 시장에서 쓸 화폐가 점점 사라졌고."

아저씨는 주변을 슬쩍 살피더니 낮은 목소리로 덧붙였다.

"이건 우리끼리 비밀인데, 물물교환을 하면 세금을 안 내도 되고 거래도 편해. 하하!"

아저씨의 말을 들은 태오는 걸음을 옮기며 생각에 잠겼다. 사람들이 이렇게 사용하기를 꺼리는 상평통보가 어떻게 전국으로 퍼질 수 있었는지가 궁금해졌다.

"루피, 사람들이 이렇게 화폐를 못 믿고 불편해하는데 상평통보는 어떻게 받아들여진 거야?"

루피가 빙글 몸을 돌리며 대답했다.

"먼저 시장이 점점 커지면서 물물교환의 한계가 드러났어. 거래가 많아질수록 쌀이나 물건을 직접 들고 다니는 건 너무 불편했거든. 여행을 가거나 먼 곳에서 물건을 사려면 동전이 훨씬 편했지."

태오는 고개를 끄덕였다.

"그랬겠다. 지금처럼 차가 있는 것도 아니고, 무거운 물건을 일일이 들고 다니는 건 힘들 테니까."

"그리고 나라가 화폐 사용을 적극적으로 밀어붙였어."

루피가 이어 말했다.

"관리들의 월급을 상평통보로 주고, 화폐와 물건의 거래 기준도 정했지. 또 쌀로 세금을 내기 어려운 지역에서는 상평통보로 대신 낼 수 있게 했어. 그러면서 사람들도 점점 화폐를 사용하는 데 익숙해졌어."

태오는 입술을 꾹 다물었다가 물었다.

"그래도 가짜 동전 때문에 불안하지 않았을까?"

"맞아. 그래서 조선에서는 위조 화폐를 줄이려고 노력했어. 질이 좋고 튼튼한 동전을 만들고, 단속도 강화했지. 이런 과정을 거치면서 사람들도 점점 화폐를 믿고 쓰게 되었어."

루피가 미소를 지으며 덧붙였다.

"물가 상승이나 위조 문제 같은 어려움은 계속 있었지만, 결국 상평통보는 사람들의 생활 속에 자리 잡게 되었어."

돈으로 신분을 사고파는 사회

"루피, 그럼 화폐를 많이 쓰게 되면서 다른 부작용은 없었어?"

태오의 질문에 루피가 고개를 끄덕였다.

"좋은 질문이야. 태오, 혹시 조선 후기의 실학자 박지원이 쓴 〈양반전〉이라는 소설을 아니?"

"어? 가난한 양반이 부자한테 신분을 파는 이야기 아니야?"

"맞아. 그 이야기에 화폐 경제의 장점과 단점이 다 나오거든. 하나씩 살펴볼까? 먼저 단점부터 이야기해 보자."

루피가 손가락을 하나 접었다.

"화폐가 널리 쓰이면서 돈이 모든 것의 기준이 되기 시작했어. 부자는 더 부자가 되고, 가난한 사람은 더 가난해지는 빈익빈 부익부 현상도 심해졌지."

"그래서 돈이 최고라는 생각이 퍼졌구나."

"맞아. 뇌물을 받는 관리나 도적, 고리대금업자가 늘어났고, 신분보다 돈이 더 중요하다는 생각이 널리 퍼졌어. 〈양반전〉에서 돈만 있으면 양반 신분까지 사고팔 수 있었던 건 바로 그런 사회 분위기 덕분이야."

"그럼 장점은 뭐였을까?"

루피가 이번엔 손가락을 펼쳤다.

"상거래가 훨씬 편해졌어. 쌀이나 물건 대신 돈을 쓰니 계산이 쉬워졌고, 시장도 빠르게 발전했지. 백성들은 물가가 오르거나 내리는 현상도 자연스럽게 이해하기 시작했어."

태오는 고개를 끄덕였다.

"돈의 값어치를 따지게 된 거네."

"그래. 또 사람들은 돈이 얼마나 풀렸는지, 나라가 어떤 정책을 쓰는지도 조금씩 이해하게 됐어. 그렇게 시장과 경제를 배우는 경험도 쌓였고."

루피는 잠시 말을 멈췄다가 정리하듯 말했다.

"그래서 상평통보는 여러 문제에도 불구하고, 조선 말기까지 약 200년 동안 사용될 수 있었던 거야."

"동전 하나가 살아남기까지 정말 노력이 많이 필요했구나!"

태오가 감탄하며 말했다.

"이 퀘스트는 단순한 동전 이야기가 아닌 것 같네. 화폐가 어떻게 사람들의 믿음을 얻어 삶 속에 자리 잡았는지를 보여 주는 것 같아."

루피가 웃으며 말했다.

"태오, 지금 말하는 거 보니까 제법 화폐 전문가 같은데?"

그때였다. 건너편에서 사람들이 웅성거리는 소리가 들려왔다. 태오는 무언가 사건이 벌어졌다는 걸 직감하고 곧장 달려갔다. 햇빛이 내리쬐는 장터 한복판에 둥글게 모여 앉은 상인들이 저마다 손에 동전을 쥐고 있었다.

"이 동전, 뭔가 수상한데?"

"아니야, 이쪽이 더 이상해!"

"가짜 아니야?"

그 순간 루피가 낮은 목소리로 말했다.

"태오, 이제 위조 화폐 전문가가 될 시간이야."

가짜 상평통보를 찾아라

태오는 상인들 앞에 놓인 동전들을 하나하나 살폈다.

"음…… 루피, 나는 세 번째 동전이 가짜 상평통보로 보여."

"왜 그렇게 생각해?"

"다른 동전들은 글씨가 반듯하고 또렷한데, 이건 모양이 조금 어색해."

루피가 미소 지었다.

“좋아. 그럼 다른 사람들은 어떤 동전을 고를지 한번 지켜볼까?”

상인으로 보이는 한 노인이 눈을 가늘게 뜨고, 태오가 고른 세 번째 동전을 집어 들었다.

“이 상평통보는 무게가 너무 가볍소. 구리의 빛깔도 탁하구려.”

다른 장사꾼도 동전을 손에 쥐고 고개를 끄덕였다.

“그러네요. 이건 가짜 같습니다. 음각이 얇고, 글자도 비뚤어졌어요.”

그 말을 들은 태오는 동전을 자세히 살펴보았다. 진짜 상평통보는 단단하고 묵직했지만, 가짜 동전은 손가락 사이에서 쉽게 굴러가며 가벼웠다.

“이거 혹시 인천 앞바다에서 만든 가짜 돈 아니에요?”

누군가 낮은 목소리로 말했다.

“납이랑 흑연을 섞어서 가짜 동전을 만들던 사람들이 얼마 전에 잡혔다고 들었는데요.”

“쉬이! 조용히 해요.”

다른 사람이 급히 말을 막았다.

“이 동전이 어디서 왔는지도 모르는데, 괜히 관청에 끌려가면 큰 상금을 받기는커녕 가짜 동전을 만드는 나쁜 사람으로 몰릴 수도 있어. 잘못하면 사형까지 당한다니까.”

“그러면 차라리 상평통보를 안 받는 게 낫지 않소?”

한 상인이 한숨을 쉬며 말했다.

“동전을 받을 때마다 가짜인지 아닌지 따져야 하니, 장사하기도 힘들고.”

“맞아요. 쌀로 받으면 그런 걱정은 없잖아요.”

사람들의 목소리는 점점 커졌고, 어느새 상평통보 자체를 쓰지 말자는 이야기까지 나오기 시작했다. 그때, 처음 동전을 살펴보던 노인이 조용히 입을 열었다.

“그래서 가짜 화폐가 무서운 거요. 사람들이 서로를 믿지 못하게 되고, 돈에 대한 신뢰가 깨지지. 이렇게 되면 나라 전체의 경제도 흔들릴 수 있소.”

노인이 말을 마치자 장터가 일순간 조용해졌다.

“딩동댕! 태오, 아주 잘했어!”

루피가 태오에게 다가와 폴짝폴짝 뛰며 외쳤다.

“태오가 고른 동전은 가짜가 맞았어!”

“그런데 루피, 가짜 동전을 찾아낸 건 기분 좋은데……”

“어? 태오, 표정이 왜 그래?”

태오는 잠시 생각하다가 말했다.

“위조 화폐는 정말 위험하구나. 고대 로마를 탐험할 때 가짜 은화가 사람들의 믿음을 흔들고 경제까지 혼란에 빠뜨리는 걸 봤었는데. 조선에서도 마찬가지였네. 위조 화폐는 돈에 대한 믿음을 깨뜨리고 사회 전체를 흔들 수 있구나.”

동전에 담긴 우주의 질서

낡은 동전 하나를 손바닥에 올려놓고 유심히 들여다보던 태오는 문득 상평통보라는 이름의 뜻이 궁금해졌다.

“루피, 그런데 상평통보는 무슨 뜻이야? 모양은 왜 이렇게 만든 거고?”

루피가 웃으며 빛나는 시스템 창을 띄웠다.

상평통보

1678년(숙종 4년)부터 제작되어 전국에서 유통된 조선의 동전. 조선 후기부터 조선 말기까지 약 200년 이상 널리 사용되었다. ‘상평통보’라는 이름에서 상(常)은 ‘늘’, 평(平)은 ‘고르게’, 통(通)은 ‘널리 통한다’, 보(寶)는 ‘귀한 화폐’를 뜻한다. 즉, 언제나 가치가 안정되어 널리 통용되는 화폐라는 뜻을 담고 있다.

태오의 눈이 커졌다.

"오, 이름부터 의미가 있네."

"그렇지? 그리고 모양에도 다 이유가 있어."

루피는 태오의 손바닥 위에 놓인 동전을 가리켰다.

"납작하고 둥근 동전 가운데 네모난 구멍이 뚫려 있는 이유는, 끈을 꿰어 여러 개의 동전을 한꺼번에 묶어 나르기 쉽게 하기 위해서야. 끈으로 꿴 동전들이 나뭇가지에 달린 잎사귀를 닮았다는 의미로 잎 엽(葉)자를 써서 '엽전'이라고 부르기도 했어."

태오는 자신도 모르게 소리를 냈다.

"아하!"

"중요한 의미가 더 있어. 바깥의 둥근 원은 하늘, 안의 네모는 땅을 뜻해. 하늘과 땅의 조화, 즉 우주의 질서를 표현한 거지."

루피는 동전을 들여다보며 한마디를 덧붙였다.

"이런 동전 모양은 중국의 진시황 시대부터 동아시아에서 오랫동안 이어져 온 전통이야. 단순한 돈이 아니라, 당시 사람들의 세계관이 담겨 있는 셈이지."

"오…… 동전 하나에 그런 뜻이 다 들어 있었던 거야?"

태오는 감탄했다.

"그러고 보니 내 황금 동전도 가운데에 구멍이 뚫려 있네."

5만원 지폐가 등장하기까지

잠시 생각하던 태오가 다시 물었다.

"루피, 그럼 상평통보 다음에는 어떤 화폐가 나왔어?"

"조선은 1876년 강화도 조약 이후, 은을 기준으로 돈의 가치를 매기는 '은본위제'를 시행했어. 전환국을 세우고 독일에서 기계를 들여와 번듯한 은화와 동화를 만들기도 했지."

"근데 오래 못 갔겠지?"

"맞아. 1878년 일본이 제일은행을 세우면서, 조선의 허락도 없이 일본 화폐를 유통시켰어. 그리고 조선을 식민지로 통치하면서부터는 일본이 만든 화폐만 쓰게 했지."

태오는 얼굴을 찌푸렸다.

"나라가 주권을 잃으니까, 화폐도 같이 사라진 거네……."

"그래. 화폐는 나라의 힘과 아주 깊이 연결되어 있어. 해방 후인 1950년 6월에 우리나라의 중앙은행인 한국은행이 설립됐어. 처음에는 화폐 단위로 '원'을 사용했지만, 전쟁과 물가 상승으로 화폐 가치가 크게 흔들리면서 1953년부터 '환'을 쓰게 되었지. 이후 경제가 안정되면서 1962년부터 지금처럼 다시 '원'을 사용하기 시작했어. 경제 규모가 커지자 더 큰 금액의 지폐도 필요해졌어. 그래서 1973년에 처음으로 1만 원 지폐가 발행됐고, 이후 거래 금액이 늘어나자 2009년에는 5만 원 지폐도 등장했어.”

“지금은 한국은행이 지폐를 관리하는 거지?”

“맞아. 한국은행은 지폐와 동전을 만들고 돈의 양을 조절해. 영국의 영란은행처럼 다른 은행에 돈을 빌려주기도 하고, 정부의 세금을 보관하는 역할도 하지.”

루피는 자랑스럽게 덧붙였다.

“지금 우리나라는 위조 화폐 방지 기술이 뛰어나고, 화폐를 제작하는 기술도 세계 최고 수준이야.”

“우리나라 화폐의 역사에 정말 많은 일이 있었네.”

태오는 조용히 말했다.

“화폐가 변화하는 모습을 따라가다 보니까, 역사 공부도 같이 되는 것 같아.”

그 순간, 태오의 머리 위에서 ‘띠링’ 하는 소리와 함께 시스템 창이 떠올랐다.

① 퀘스트 알림　　　　　✕

❓ **일일 퀘스트: 완료!**

🏆 **보상:** 능력치 **‘조선 화폐 이해력’** 습득, 아이템 **‘상평통보 배지’** 획득

태오는 반짝이는 한자가 새겨진 동전을 보며 감탄했다.

"오, 상평통보 배지라니! 지금까지 받았던 보상 중에 가장 멋진데! 이것도 가상 지갑에 보관해야지!"

루피가 떠난 뒤, 태오는 오늘 탐험에서 살펴본 상평통보의 모양을 다시 떠올려 보았다. 우리 조상들과 삶과 함께 발전한 화폐 이야기를 따라가다 보니 화폐가 한결 더 친근하게 느껴졌다. 그리고 손에 쥔 황금 동전의 구멍과 둥근 모양에도, 어쩌면 상평통보와 비슷한 뜻이 담겼을지 모르겠다는 생각이 들었다.

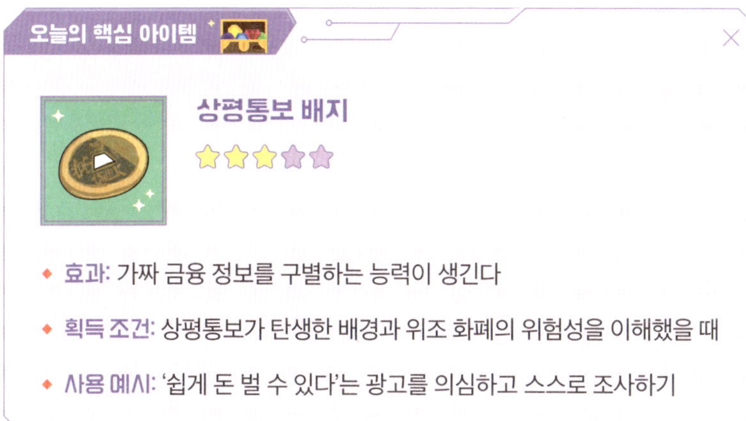

돈이 된 바위

물품 화폐를 찾아라

거대한 돌덩이가
돈이 되었다!
바위 화폐
물품 화폐

태평양 작은 섬의 바위 화폐

자정이 되길 기다리며 태오는 그동안 탐험했던 화폐의 역사를 되새겨 보았다. 물물교환부터 로마의 데나리우스, 종이 화폐의 등장, 중앙은행의 탄생, 기축 통화인 달러의 힘과 금본위제 폐지, 그리고 한국의 5만 원 지폐까지 어느덧 탐험은 과거를 지나 현재에 가까워지고 있었다. 밤 12시가 되자 태오는 망설임 없이 지도를 펼치고 동전의 사자상을 눌렀다. 환하게 빛나는 시스템 창과 루피가 함께 나타났다.

> ⓘ 퀘스트 알림　　　　　　　　　✕
>
> ❓ **일일 퀘스트:** '바닷속 화폐'와 '계산이 틀린 화폐'를 찾아라!
>
> 🏆 **보상:** 능력치 **'다양한 화폐의 종류 이해력'**

‘바닷속에 있는 화폐? 계산이 틀린 화폐라고?’

각국의 동전을 모으는 것이 취미인 태오는 호기심이 일었다.

"왜 화폐가 바닷속에 있을까? 그리고 계산이 틀린다면…… 그럼 어떻게 물건을 사고팔지?"

태오는 잠시 턱을 괴고 생각하다가 물었다.

"이거 혹시 넌센스 퀴즈 아니야?"

그때 태오의 시선이 루피에게로 옮겨 갔다.

"그런데 너 오늘…… 조개껍데기 같은 모자를 쓰고 있네? 왠지 힌트 같기도 하고. 뭐지?"

루피는 의미심장하게 웃었다.

"그러게, 뭘까? 가보면 알겠지? 오늘도 탐험을 떠나 볼까?"

그 말이 끝나기도 전에, 둘은 눈부신 빛 속으로 떠올랐다가 파도가 치는 바닷가에 내려앉았다. 뜨거운 열기와 소금 냄새가 코끝에 전해졌다.

"여긴 어디야? 루피?"

"여기는 야프섬이야. 필리핀 아래쪽에 있는 섬인데, 미크로네시아 연방이라는 나라에 속해 있지. 이곳 주민들이 바로 오늘의 주인공이야!"

그때 저쪽에서 나이가 지긋해 보이는 어느 노인이 다가왔다.

“할아버지, 지금 어디 가시는 거예요?”

태오가 먼저 말을 걸었다.

“나 말이냐? 쌀을 좀 사러 가는 중이란다.”

태오는 고개를 갸웃했다.

“그럼…… 돈은 어떻게 챙겨 가시는 거예요?”

할아버지는 웃으며 말했다.

“아, 우리 야프섬의 바위 화폐 ‘라이’를 말하는 거구나. 라이는 너무 무거워서 들고 다닐 수가 없어. 수십 킬로그램짜리도 있고, 몇 톤이나 되는 것도 있거든. 게다가…….”

할아버지는 바다 쪽을 가리켰다.

“내 돈은 지금 바닷속에 있단다.”

“네? 그렇게 큰 바위를 화폐로 쓴다고요?”

태오가 깜짝 놀라 물었다.

“돈이 바닷속에 있으면 어떻게 건져요?”

“이 마을 사람들은 모두 내 재산이 어느 정도인지 알고 있거든. 내 바위가 어느 바다에 있는지도 다 알고. 나는 꽤 재산이 많은 편이지.”

할아버지가 손으로 원을 그리며 말했다.

“내 라이 중에는 지름이 4미터나 되고 무게가 4톤이나 되는 것도 있어. 물론 지름이 7센티미터밖에 안 되는 작은 라이도 있고 말이야. 사람들은 내 재산이 바닷속에 있다는 걸 알고 있으니까 나에게 쌀을 파는 거란다.”

“그럼 화폐를 눈으로 확인하지 않고 서로 말로만 거래하는 거예요?

“그렇지. 내가 70살인데 지금까지 전혀 불편함을 느끼지 못했단다.”

“정말요? 그럼 라이를 구경해 볼 수는 없나요?”

“내 돈은 바닷속에 있으니 어쩌나. 그렇지, 다른 것으로 보여 주마. 아, 마침 노아의 집이 저기 보이는구나.”

태오는 할아버지를 따라 어느 집 앞까지 걸어갔다.

“자, 봐라. 저 집 마당 안에 커다란 원 모양의 바위가 보이지? 저게 내 친구 노아의 재산이란다. 집안 대대로 물려받은 돈이야. 라이는 작은 것도 있지만 무거워서 옮길 수 없는 것도 많단다.”

할아버지가 가리킨 곳에는 어른 키보다 큰 도넛처럼 생긴 바윗덩어리가 놓여 있었다. 그 바위는 지름이 3미터는 되어 보였다.

태오가 바위를 가리키며 물었다.

“그럼 혹시 옮길 때는 어떻게 하나요?”

“돈을 움직이려면 가운데 뚫린 구멍에 긴 막대를 끼운 뒤 여러 사람이 함께 들거나 바위처럼 굴려야 해. 가장 큰 라이를 옮기려면 20명은 필요할 거다.”

태오는 그동안 동전이 지폐로 바뀌는 과정을 지켜봐 왔다. 금속 화폐가 종이 화폐로 바뀐 이유는 보관하고 옮기기 쉽게 하기 위해서라는 것을 알 수 있었다. 야프섬 사람들이 이렇게 크고 무거운 바위를 화폐로 사용하는 이유가 쉽게 이해되지 않았다. 놀랍게도 마을 사람들은 경제 활동을 하는 데 아무런 불편도 느끼지 않는 것처럼 보였다.

야프섬의 바위 화폐, 라이

태오는 눈을 감고 곰곰이 생각하다가 무릎을 탁 쳤다.

'야프섬의 돌덩이 라이가 바로 오늘 퀘스트에서 찾아야 하는 화폐구나! 화폐는 꼭 손에서 손으로 옮기지 않아도, 서로 믿기만 한다면 충분히 역할을 할 수 있어!'

곡식부터 옷감까지, 다양한 물품 화폐

태오는 사자상을 눌러 루피를 소환했다.

"루피, 나 바닷속에 있다는 화폐를 찾은 것 같아."

"태오, 수수께끼를 푼 거야?"

"그래. 그건 바로 야프섬의 바위 화폐, 라이였어. 그런데 이곳 사람들은 왜 바위를 돈으로 쓰게 된 거야? 이 섬에 바위가 많아?"

"좋아, 태오."

루피는 낮은 목소리로 설명을 시작했다.

"야프섬에는 현재 약 6,800개의 라이가 있어. 이 돌들은 원래부터 야프섬에 있던 게 아니야. 약 400킬로미터나 떨어진 팔라우섬에서 가져온 석회암이야. 사람들은 그 돌을 바다를 건너 운반해

온 다음, 돌 가운데 구멍을 뚫어 도넛 모양으로 만들었지.”

“야프섬에서는 라이만 화폐로 써?”

“지금은 주로 미국 달러를 사용해. 하지만 집이나 땅을 사고파는 것처럼 아주 큰 거래에서는 라이를 쓰기도 해.”

“그럼 그렇게 큰 돌의 주인은 어떻게 바뀌는 거야?”

“라이의 소유권을 옮길 때는 사람들을 모아 놓고 이렇게 선언해. ‘이 돌 화폐는 지금부터 ○○의 것이다.’ 그러면 그 순간부터, 그 돌은 다른 사람의 재산이 되는 거야. 이런 걸 **물품 화폐**라고 불러.”

> **물품 화폐**
>
> 화폐의 기능을 하는 상품. 곡식, 가죽 등 사람들이 공통으로 가치가 있다고 인정한 물건이 주로 사용된다. 동전이 등장하기 전, 물품 화폐는 물건을 사고 팔거나 빚을 갚는 데 널리 쓰였다. 하지만 크기와 품질이 제각각이고 보관과 운반이 불편하다는 단점 때문에 점차 금속 화폐와 지폐로 바뀌었다.

루피가 빛을 뿜으며 시스템 창 하나를 띄우더니, 웃으며 한마디를 덧붙였다.

“태오가 어젯밤 조선의 시장에서 본 것처럼, 과거 우리나라에서는 삼베나 면 같은 옷감을 화폐로 쓰기도 했어.”

태오는 고개를 끄덕였다.

"그렇구나. 루피, 세상에는 정말 신기한 화폐가 많구나. 그럼 다음은 '계산을 틀리게 하는 화폐'를 보러 가볼까?"

"좋아. 태오."

루피가 반짝 빛나더니 가볍게 한 바퀴 빙그르르 돌았다.

카우리, 틀린 계산의 비밀

눈을 뜬 태오는 아프리카의 시장 한복판에 서 있는 자신을 발견했다. 그런데 손에서 낯선 감촉이 느껴졌다. 반짝이는 하얀 조개 5개가 손에 쥐어져 있었다.

"어? 이게 언제 내 손에 있었지?"

깜짝 놀라는 태오 옆으로 상인으로 보이는 한 사람이 다가왔다.

"얘, 너 그 '카우리'로 뭘 사고 싶니?"

"이 조개 이름이 카우리예요?"

"그럼. 여기선 카우리가 돈이야. 많이 모으면 소금도 살 수 있고, 옷도 살 수 있어."

"그래요? 그럼 카우리로 옷을 사려면 몇 개가 필요해요?"

상인은 작은 가죽 주머니를 꺼냈다. 안에는 흰빛으로 반짝이는 조개가 가득했다.

"카우리를 세는 법부터 가르쳐 주마. 먼저 조개를 5개씩 쥐고, 그걸 16번 모으면 100개로 친단다. 이렇게 만든 100개를 5번 모은 다음, 같은 일을 한 번 더 반복해 모두 합치면 1,000개가 되는 거야. 그 1,000개를 10번 모으면 1만 개, 그리고 그걸 8번 모으면 10만 개로 계산하지."

5 x 16 = 100

100 x 5 x 2 = 1,000

1,000 x 10 = 10,000

10,000 x 8 = 100,000

"어? 그런데 아저씨, 계산이 계속 틀리잖아요? 5에 16을 곱하면 80인데요? 1만에 8을 곱하면 8만이고요!"

"맞아. 1만에 8을 곱하면 8만이지만, 이 셈법에서는 그것을 10만으로 친단다. 이렇게 일부러 크게 계산한 이유는, 조개를 모으고 옮기고 거래하는 데 드는 수고와 손실을 계산에 포함하기 위해서야. 장거리 이동이나 힘든 일을 맡은 사람들에게 자연스럽게 보상이 돌아가도록 하는 거지.”

“오, 카우리에는 노동하는 사람을 위한 보상을 계산에 넣네요. 참 신기한데요! 보통 사람들은 조금도 손해를 보지 않으려고 하는데 말이에요.”

두 눈이 휘둥그레진 태오에게 상인이 웃으며 말했다.

“꼬마야. 너 이 조개가 원래는 어디서 왔는지 알고 있니? 혹시 ‘몰디브’라고 들어 봤어?”

“몰디브요? 섬 이름이죠?”

“그래, 여기서 아득히 멀리 있는 인도양의 섬이란다. 카우리는

화폐처럼 사용한 카우리 조개

그곳에서 이곳 아프리카까지 배에 실려 왔지. 이 조개는 은 대신 돈처럼 쓴단다.”

태오는 상인의 말을 들으며 생각했다.

‘화폐는 단순한 돈이 아니구나. 시대와 사람을 이어 주는 이야기가 담겼구나.’

집으로 돌아와서도 태오의 머릿속에서는 카우리에 대한 생각이 떠나지 않았다.

“루피, 카우리에 대해 조금만 더 알려줄래?”

“좋아, 태오.”

루피가 미소를 지으며 말했다.

“카우리는 오늘 상인 아저씨가 말한 것처럼 몰디브에서 주로 발견되는 조개야. 아시아 일부 지역에서는 기원전 수천 년 전부터 화폐처럼 사용했고, 아프리카에는 중세 이후 유럽 상인들을 통해 들어왔지.”

루피가 허공에 조개 그림을 띄웠다.

“유럽 상인들은 아프리카에서 노예를 사고팔거나 팜오일을 수입할 때 주로 카우리로 거래했어. 19세기 말에서 20세기 초까지도 아프리카에서는 카우리가 널리 사용됐지.”

태오는 고개를 갸웃했다.

"그럼 현지 사람들도 계속 이 조개를 돈처럼 썼다는 거야?"

"응. 유럽 상인들이 결제 수단으로 카우리를 사용하면서, 현지 사회에서도 화폐에 대한 수요가 계속 생겼거든. 하지만 문제가 생겼어. 유럽인들이 카우리를 대량으로 들여오면서 조개의 수가 급격히 늘어났지."

태오는 잠시 생각하다가 말했다.

"그러면…… 돈이 너무 많아진 거네?"

루피가 고개를 끄덕였다.

"맞아. 그래서 가치가 크게 떨어졌어. 사람들이 카우리를 점점 믿지 않게 되니 결국 화폐로서의 기능을 잃었지."

루피의 설명이 끝나자 태오의 머리 위로 시스템 창이 열리는 소리가 들렸다.

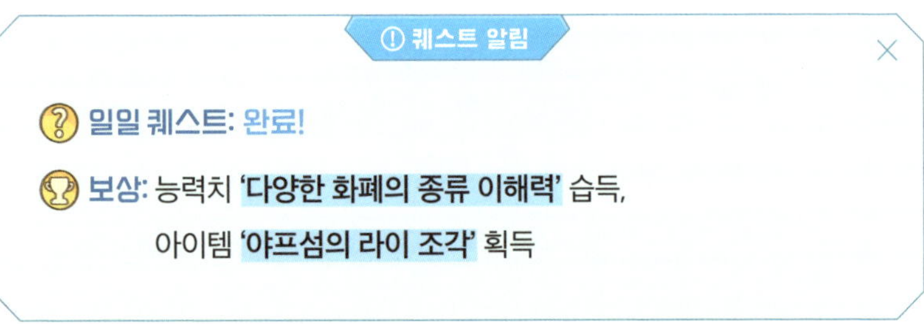

"오늘은 야프섬의 라이 조각을 얻었네. 점점 가상 지갑이 가득 차고 있어."

태오가 흐뭇하게 웃으며 루피에게 물었다.

"루피, 라이처럼 신기한 화폐가 더 있으면 얘기해 줄래?"

세상에서 가장 따뜻한 화폐

태오의 질문에 루피가 신난 듯 대답했다.

"아직도 화폐의 세계를 더 탐험하고 싶구나. 그럼 몇 가지 더 소개해 줄게. 먼저 퀴즈 하나! 세상에서 가장 비싼 화폐는?"

"음…… 금으로 만든 돈?"

"아니야. 정답은 짐바브웨의 100조 달러 지폐!"

"오, 100조 달러? 진짜로 그런 돈이 있어?"

태오의 눈이 커졌다.

"있어. 그 지폐는 2000년대 후반에 발행됐어."

루피가 설명했다.

"액면가가 100,000,000,000,000, 그러니까 100조 짐바브웨 달러야."

"우아…… 숫자가 너무 커서 감도 안 온다."

"이 지폐는 세계에서 액수가 가장 큰 실물 지폐야. 하지만 실제로는 거의 가치가 없었지.”

태오는 깜짝 놀랐다.

“왜?”

“초인플레이션 때문이야. 돈을 너무 많이 찍어 내서, 지폐의 값 어치가 급격히 떨어진 거지. 그래서 지금은 쓸 수 있는 돈이라기보다 희귀한 수집품으로 남아 있어.”

“그럼 또 다른 신기한 화폐도 있어?”

“그럼.”

루피가 고개를 끄덕였다.

“세상에서 가장 따뜻한 화폐도 있어.”

“따뜻한 화폐?”

“러시아에서 쓰였던 다람쥐나 담비 같은 가죽 화폐야. 이건 물건을 사고파는 데도 쓰였고, 추울 때는 몸을 덮는 데도 사용할 수 있었어.”

“돈을 이불처럼 쓸 수도 있었다는 거네?”

태오가 웃었다.

“맞아. 야프섬의 바위나 아프리카의 카우리 조개처럼, 화폐가 꼭 종이나 동전일 필요는 없었던 거지.”

“진짜 수수께끼 같은 화폐가 많네.”

태오는 골똘히 생각하다가 물었다.

"그런데 루피, 아까 말한 인플레이션이 얼마나 대단하길래 100조짜리 돈도 그렇게 쓸모없어지는 거야?"

"좋은 질문이야."

루피가 미소를 지었다.

"내일은 인플레이션과 디플레이션의 세계로 떠나 보자. 오늘은 이만 쉬어야지."

"좋아, 루피. 내일 또 만나!"

태오는 루피에게 손을 흔든 다음, 이불을 끌어당겨 잠자리에 들었다.

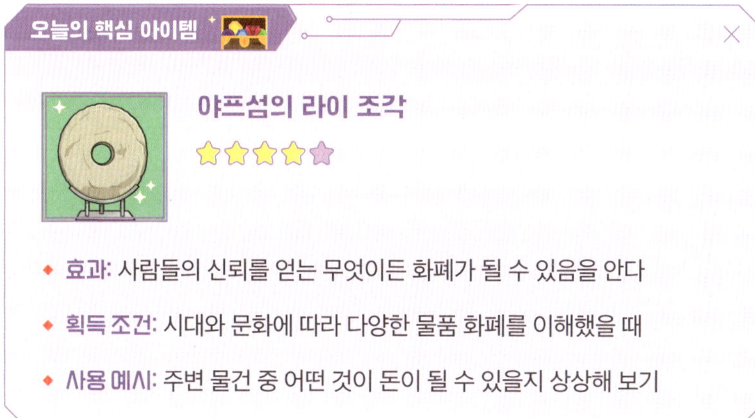

인플레이션과 디플레이션

물가가 흔들리는 이유를 찾아라

빵값이 하루 만에
두 배가 되었다!
인플레이션
경제 위기

100조 지폐의 나라, 짐바브웨

루피와 여행한 지 어느덧 9일째가 되었다. 오늘은 인플레이션과 디플레이션을 알아보기 위해 떠나는 날이다. 이제 탐험은 이틀밖에 남지 않았다. 태오는 몸은 조금 피곤했지만, 여행이 끝나 간다는 아쉬움이 더 컸다. 밤 12시, 다시 지도를 펼치고 황금 사자상을 눌렀다. '띠링' 하는 익숙한 소리와 함께 시스템 창이 열리고 루피가 나타났다.

“루피, 안녕? 오늘은 평범한 의상인데?”

“맞아, 오늘은 내가 아니라 태오가 탐험할 곳을 선택할 거니까.”

“진짜? 내가 원하는 곳을 정말 골라도 될까?”

“그럼! 이제 태오도 ‘프로 화폐 탐험러’잖아.”

“돈을 먹는 유령을 찾는 퀘스트라니…… 어딜 가면 좋을까? 디플레이션은 잘 모르겠고…… 인플레이션이 생긴 나라? 그럼 어제 잠깐 얘기한 짐바브웨로 한번 가볼까?”

“좋아. 아주 좋은 선택이야. 화폐 탐험단, 출발!”

태오와 루피는 함께 빛 속으로 떠올랐다.

“짐바브웨에 착륙!”

루피가 활짝 웃는 얼굴로 외쳤다. 태오도 루피를 따라 웃으려는데, 침울한 표정의 사람들이 거리를 걷는 풍경이 눈에 들어왔다.

“루피, 그런데 사람들의 표정이 왜 이리 어두울까?”

태오는 돈을 가득 실은 리어카를 끄는 남자에게 다가갔다.

“우아, 아저씨는 돈이 엄청 많네요. 정말 부자인가 봐요. 이렇게 많은 돈을 싣고 무엇을 사러 가시는 거예요?”

남자는 이마에 흐르는 땀을 닦으며 말했다.

“이 정도의 돈으로 사실은 빵 한 조각밖에 살 수가 없단다. 우리나라는 지금 인플레이션이 엄청나거든.”

"네? 이렇게 많은 돈으로 빵 한 조각밖에 못 산다고요?"

"그래, 짐바브웨는 세계에서 가장 심각한 인플레이션을 겪은 나라야. 특히 2000년대 후반에는 물가가 하루가 다르게 오르는 초인플레이션이 벌어졌지. 그래서 100조 짐바브웨 달러 지폐도 등장했단다."

태오는 잠시 입을 다물지 못하다가 물었다.

"100조요? 그럼 돈이 있어도 물건을 못 샀겠네요. 정부는 이런 상황을 그냥 두고 보고만 있었나요?"

"화폐 가치를 안정시키기 위해 짐바브웨 정부는 2022년 '모시 오아투냐'라는 금화를 법정 화폐로 발행했지만, 인플레이션 문제는 아직도 완전히 해결되지는 못한 상태야."

짐바브웨의 100조 달러 지폐

깜짝 놀란 태오는 루피를 불렀다.

"루피, 저렇게 많은 돈을 가지고도 빵 한 조각밖에 못 산다니…… 인플레이션이 생기면 왜 이런 일이 벌어지는 거야?"

인플레이션과 디플레이션의 차이

"좋아, 태오."

루피가 차분히 말했다.

"먼저 인플레이션이 무엇인지부터 생각해 보자. 경기가 좋아지면 돈을 버는 사람이 늘어나고, 사람들은 물건을 더 많이 사고 싶어 해. 사는 사람이 많아지면, 파는 사람은 가격을 올리게 되지. 이렇게 물건의 가격이 계속 오르는 현상이 인플레이션이야."

루피는 예를 들었다.

"작년에 아이스크림 하나가 1,000원이었는데, 올해는 같은 아이스크림이 1,500원이 된다고 해볼까? 이렇게 물가가 오르는 데는 여러 이유가 있어. 우윳값이 올랐을 수도 있고, 사람들이 아이스크림을 너무 많이 사서 물량이 부족해졌을 수도 있어. 아니면 가게의 월세나 인건비가 올라서일 수도 있지. 이렇게 물가가 오르면, 같은 1,000원으로 살 수 있는 게 줄어들어. 즉, 돈의 가치가 떨어지는 거야.”

루피는 잠시 말을 멈췄다가 덧붙였다.

“짐바브웨에서는 정부가 화폐를 너무 많이 찍어 냈어. 돈이 지나치게 많이 풀리면 상황이 훨씬 심각해져. 돈은 많아졌는데 물건의 수는 그대로라면, 돈의 가치가 빠르게 떨어지거든. 그래서 같은 빵 하나를 사는 데 점점 더 많은 돈이 필요해지는 거야.”

태오는 고개를 끄덕였다.

“그럼 디플레이션은 반대야?”

“맞아.”

루피가 대답하며 알림창을 띄웠다.

> **디플레이션**
>
> 물가가 계속 내려가는 현상으로, 인플레이션의 반대 개념이다. 물가가 떨어질 것이라는 기대가 커지면 사람들은 소비를 미루고, 기업은 생산과 투자를 줄이게 되어 경제 활동이 위축된다.

루피는 다시 아이스크림을 예로 들었다.

“작년에 아이스크림이 1,000원이었는데, 올해는 800원이 됐다고 해볼까? 이런 현상이 나타나는 이유는 사람들이 돈을 안 써서 아이스크림이 팔리지 않기 때문이야. 가게들은 물건을 사려 하지 않는 손님을 끌려고 가격을 내리게 되지.”

태오가 물었다.

“그럼 어떻게 되는데?”

“같은 돈으로 아이스크림을 더 많이 살 수는 있어. 하지만 가게들이 버티지 못하고 문을 닫으면, 아이스크림을 만드는 회사가 경영난을 겪고 나라 전체의 경제가 더 힘들어질 수 있어.”

태오는 생각에 잠겼다.

“음…… 물가가 떨어져서 물건을 값싸게 살 수 있으면 사람들이 더 살기 좋아져야 할 것 같은데.”

루피는 고개를 가로저었다.

“디플레이션은 결코 긍정적인 현상이 아니야. 그럼 이번에는 디플레이션이 일어나는 곳으로 가볼까?”

루피가 반짝이더니 한 바퀴를 빙그르르 돌았다. 곧 태오는 루피와 함께 화려한 네온사인이 빛나는 어느 밤거리에 도착했다. 구불구불한 글자가 번쩍이는 간판 아래 가전제품 광고들이 빛나고 있었다.

“여기는 일본 같은데. 루피, 어느 시대지?”

“1992년 도쿄의 긴자 거리야.”

거리는 불빛으로 화려했지만 어쩐지 사람들은 잘 보이지 않았다. 휑한 거리를 가끔 지나다니는 사람들의 표정은 어두웠다. 상점의 절반은 ‘임대’라는 팻말이 붙은 채 텅 비어 있었다.

“루피, 왜 이렇게 다들 우울해 보이지? 그리고 상점들은 왜 저렇게 많이 비어 있는 거야?”

“태오 탐험가님! 출동해 보시지요.”

장난스러운 말과 함께 루피가 사라졌다.

버블 경제가 무너진 일본

태오는 저 멀리 보이는 공원에서 벤치에 앉아 있는 양복 차림의 남자를 발견했다.

“아저씨, 무슨 일이 있으세요? 왜 이렇게 기운이 없으세요?”

“난 타케다란다. 전에는 증권회사에서 일했지. 하지만 지금은…… 실직자야.”

“아, 그렇군요.”

태오는 잠시 망설이다가 물었다.

"그래도 다시 일자리를 알아보면 되는 거 아니에요?"

타케다는 한숨을 쉬더니 고개를 저었다.

"지금은 그게 쉽지 않단다. 불과 몇 년 전까지만 해도 이런 상황이 아니었는데 말이야. 1985년부터 1990년 사이에 일본의 집값이 세 배나 올랐어."

"세 배요?"

태오가 놀라서 물었다.

"그래, 주식 가격도 계속 오르기만 했지. 은행들은 서로 경쟁하듯 사람들에게 돈을 빌려줬단다. 사람들은 은행에서 빚을 내서라도 땅이랑 아파트를 샀어. '지금 안 사면 손해다'라는 말이 유행처럼 퍼졌지."

"그런데⋯⋯ 왜 이렇게 된 거예요?"

"정부가 금리를 올리고, 은행들이 대출을 갑자기 줄였거든. 그러자 그동안 부풀어 있던 가격이 한순간에 무너졌어. 버블이 터진 거지. 주식이랑 부동산 가격이 폭락하기 시작했는데, 처음에는 그게 얼마나 심각한 일인지 아무도 실감하지 못했단다."

타케다는 잠시 말을 멈췄다.

"이제는 경제가 거의 멈춘 상태야."

"멈췄다고요?"

"응, 아무도 투자하지 않거든. 은행은 빚을 갚으라고 독촉하고, 사람들이 집을 싸게 내놔도 사는 사람이 없지. 경기가 나빠지니까 물건이 안 팔려서 가게를 운영하는 친구들도 무척 힘들다는구나. 기업들도 버티지 못하고 하나둘 문을 닫고 있어."

"물가는 떨어졌잖아요. 그럼 사람들이 더 사지 않나요?"

타케다는 고개를 저었다.

"사람들은 오히려 '앞으로 더 싸질 거야'라고 생각해. 그래서 돈을 아끼기만 하지."

"사람들이 안 사면……"

"기업은 물건을 만들 수 없고, 그러면 일자리는 더 줄어들지. 결국은 나 같은 실업자만 늘어나는 거야."

타케다는 잠시 숨을 고르고 조용히 말했다.

"나도 당장 은행 빚을 갚아야 하는데, 회사에서 잘리고 나니 앞이 너무 막막하구나. 집에는…… 너만 한 아들과 딸이 나를 기다리고 있는데……."

태오는 가만히 고개를 끄덕였다. 그리고 조심스럽게 말했다.

"아저씨, 그래도 너무 낙담하지 마세요. 어떻게든 다시 일자리를 찾게 되실 거예요."

태오는 아저씨에게 위로의 말을 전하고 자리를 떴다. 곧이어 황금 동전을 눌러 루피를 불렀다.

“루피, 디플레이션도 좋은 건 아니구나. 경제가 무너지면서 물가가 떨어지면, 일자리가 사라지고 월급도 줄어드는 거네.”

루피가 고개를 끄덕였다.

“그래, 태오. 이제 디플레이션이 뭔지 조금은 알게 된 것 같아?”

“아주 조금은.”

태오는 생각에 잠긴 얼굴로 대답했다.

“그런데 이런 일은 일본에서만 있었던 거야?”

“아니.”

루피가 고개를 저으며 말했다.

“디플레이션은 전 세계에서 여러 번 있었어. 대표적인 예로는 1990년대 일본의 버블 경제 붕괴 말고도 1930년대 미국의 대공황, 그리고 2007년 미국에서 시작된 글로벌 금융 위기가 있어.”

한 나라의 위기가 세계로 번질 때

“글로벌 금융 위기?”

태오가 되묻자 루피의 눈이 진지해졌다.

“응. 글로벌 금융 위기는 미국의 ‘서브프라임 모기지 사태’에서 시작됐어. 은행들이 신용이 낮은 사람들에게도 집을 사라고 돈을 무리하게 빌려줬거든. 집값이 계속 오를 거라고 믿었기 때문에, 당장 갚지 못해도 괜찮다고 생각한 거야. 하지만 그 사람들이 빚을 계속 갚지 못하면서 문제가 터졌어.”

“그럼 은행이 망한 거야?”

“맞아. 그 영향으로 미국의 큰 투자은행들이 흔들렸고, 그중 하나였던 리먼 브라더스는 막대한 빚을 안고 결국 파산했지.”

태오는 눈을 크게 떴다.

“은행 하나가 망했을 뿐인데, 왜 전 세계가 힘들어졌어?”

“금융기관들이 서로 연결되어 있었거든. 한 곳이 무너지자 연쇄적으로 문제가 번졌고, 전 세계가 경제 불황에 빠지게 된 거야.”

루피는 차분히 정리했다.

“사람들이 돈을 아끼면서 소비가 줄어들고 물건이 안 팔리니 기업은 버티지 못하고 쓰러져. 그러면 실업자가 늘고, 주가도 떨어지지. 물가가 더 떨어질 거라고 생각하면 사람들은 더더욱 돈을 안 써.”

태오가 고개를 끄덕였다.

“그렇구나, 조금 전에 만난 타게다 씨가 말한 그대로네.”

“응, 이렇게 악순환이 계속되면 기업은 고용과 성장을 포기할 수밖에 없고, 대규모 실업 사태로 이어지는 거야.”

“그럼 인플레이션은 내 돈의 가치를 갉아먹는 유령이고, 디플레이션은 일자리와 소득을 빼앗아 가는 유령이네.”

“정확해!”

그 순간, 태오의 머리 위에서 시스템 창이 천천히 열렸다.

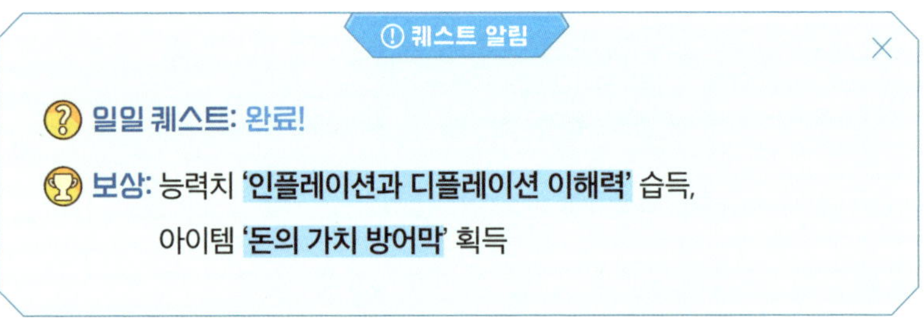

‘돈의 가치를 지키는 방어막이라, 멋진데? 인플레이션이나 디플레이션 상황이 오더라도, 가진 돈을 잘 지키고 굴려야겠지.’

집으로 돌아와 잠자리에 들기 전, 태오는 문득 떠오른 질문을 루피에게 꺼냈다.

“루피, 아까는 여러 가지 디플레이션 이야기를 해줬잖아. 그럼 인플레이션도 유명한 사례가 더 있을까?”

“그럼, 태오. 대표적인 예로는 1차 세계대전에서 패배한 독일이 있어.”

루피가 고개를 끄덕이자, 반짝이는 화면에 오래된 사진들이 떠올랐다. 돈다발을 들고 있는 사람들과 수레를 끄는 아이들의 모습이었다.

“1차 세계대전에서 패전국이 된 독일은 1919년 베르사유 조약으로 막대한 전쟁 배상금을 물어야 했어. 그 부담 때문에 경제가 빠르게 무너졌지.”

태오가 루피의 말을 조용히 듣다가 물었다.

“그럼 세금을 올리면 되는 거 아니야?”

“그게 쉽지 않았어. 국민들의 반발이 컸거든. 그래서 독일 정부는 부족한 돈을 메우려고 화폐를 마구 찍어 냈어.”

루피가 몸을 빛내자 숫자 몇 개가 화면 위에 떠올랐다.

“1921년만 해도 1달러는 약 60마르크였어. 그런데 불과 2년 뒤인 1923년 말에는 1달러가 4조 2,000억 마르크가 됐지.”

“4조가 넘었다고?”

태오의 입이 벌어졌다.

“사람들은 시장에 갈 때 돈을 가방이 아니라 수레에 담아 다녔어. 빵 한 조각을 사기 위해 지폐 다발을 들고 가야 했지. 심지어

지폐의 가치가 너무 떨어져서 난로 땔감이나 벽지, 종이 장난감으로 쓰기도 했어.”

“정말 영화 같다…….”

“더 놀라운 일도 있었어.”

루피가 말을 이었다.

“레스토랑에서는 음식을 먹는 동안에도 가격이 계속 올라서, 식사를 끝내기도 전에 돈이 모자라는 일까지 벌어졌거든. 이처럼 사회 혼란이 커지자 사람들의 불만도 커졌어. 그 틈을 타 극단적인 정치 세력이 인기를 얻었고, 결국 독재자였던 히틀러와 나치가 등장하는 배경이 되었다고 볼 수 있어.”

“우아…… 정말 무시무시하다.”

태오는 숨을 고르며 말했다.

“인플레이션이랑 디플레이션은 생각보다 훨씬 복잡한 문제였네. 경제가 흔들리면 사회와 정치까지 이렇게 큰 영향을 받다니, 화폐의 힘은 정말 대단해.”

루피가 떠난 뒤, 태오는 자신이 지금까지 보지 못했던 훨씬 넓은 세계로 한발 내디딘 것 같은 기분이 들었다. 그리고 이내 이런 생각에 잠겼다.

‘가장 좋은 상태는 물가가 너무 오르지도, 너무 떨어지지도 않

는 거네. 화폐의 가치는 안정과 균형 속에서 유지되는구나.'

태오는 그렇게 생각하며 조용히 잠자리에 들었다.

돈의 가치 방어막

- ◆ **효과**: 돈의 가치가 흔들리는 상황에서도 현명한 선택을 할 수 있다

- ◆ **획득 조건**: 인플레이션과 디플레이션의 원리를 이해했을 때

- ◆ **사용 예시**: 물건의 가격 변화를 관찰하며 언제 사야 할지 판단하기

디지털 화폐와 암호 화폐의 세계

돈의 미래를 탐험하라

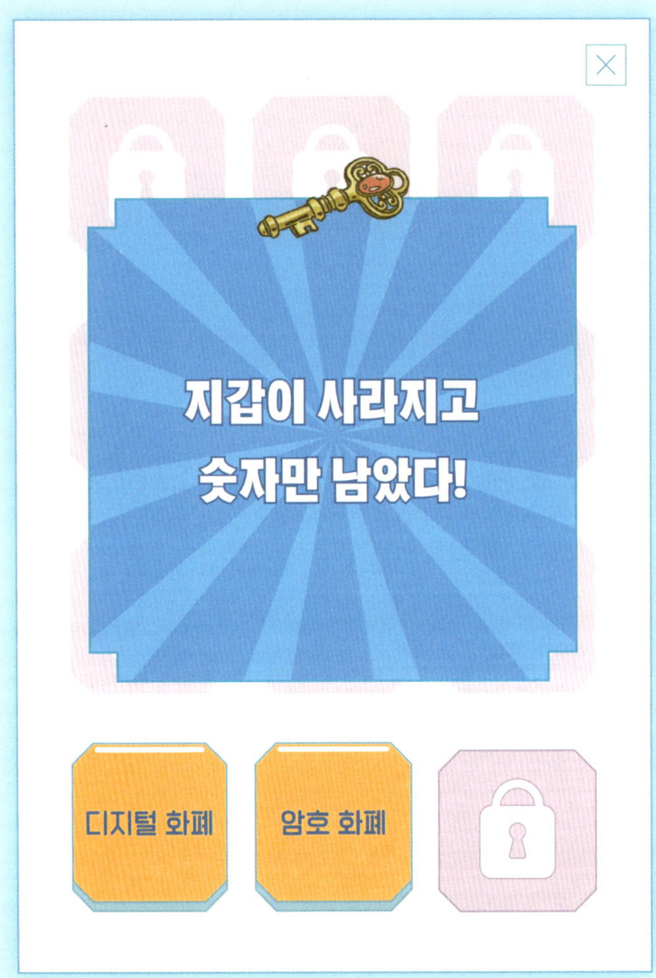
지갑이 사라지고
숫자만 남았다!
디지털 화폐
암호 화폐

국가가 발행하는 디지털 화폐

루피와 함께 화폐의 세계를 드나든 지 드디어 열흘째가 되었다. 태오는 1초라도 더 빠르게 탐험을 떠날 생각에 12시가 되자마자 부리나케 지도를 펼치고, 동전의 사자상을 눌렀다. 시스템 창과 함께 등장한 루피는 동전 모양의 모자를 쓰고 있었다.

"루피, 오늘은 코인 같은 모자네. 귀엽다! 그런데 오늘이 우리 여행의 마지막 날이야. 너무 섭섭해."

"나도 그래, 태오. 눈 깜짝할 사이에 열흘이 지나갔네."

"그동안 정말 재미있었어. 화폐에 대해서 많이 알게 되었고."

"맞아, 태오의 화폐 지식이 정말 많이 늘었지? 그럼 오늘도 재미있는 화폐 탐험을 떠나 볼까?"

"좋아, 루피! 얼른 출발하자! 오늘은 과연 어디로 가게 될까?"

"오늘은 중국으로 가보자. 그동안 인류의 거래 수단이 물건에서 동전으로, 동전에서 지폐로 변화하는 것을 봐왔다면…… 이제 지폐가 사라진 세상을 보게 될 거야!"

둘은 루피의 말이 끝나자마자 빛 속으로 떠올랐다. 태오가 눈을 떠보니 낯선 한자가 적힌 물건들이 가지런히 진열된 편의점 안에 있었다.

"여기가 어디야, 루피?"

태오가 두 눈을 휘둥그렇게 뜨고 루피에게 물었다.

"여기는 중국 베이징이야. 아, 저기 손님이 들어오네!"

그 순간 태오의 눈에 어머니와 함께 편의점으로 들어오는 한 소년이 보였다. 두 사람은 과자 몇 개를 고른 뒤 계산대에서 QR 코드를 찍고, 과자 봉지를 봉투에 담아 편의점 밖으로 나갔다.

태오는 그 소년에게 다가가서 말을 걸었다.

"안녕? 난 태오야. 한국에서 왔어. 그런데 방금 계산은 어떻게 한 거야?”

“안녕, 태오. 난 샤오리야.”

소년이 웃으며 대답했다.

“지금은 할머니 댁이 있는 베이징에 놀러 왔어. 여기 편의점에서는 QR 코드만 찍으면 바로 계산할 수 있어.”

“QR 코드로?”

“응. 스마트폰 안에 있는 ‘디지털 위안화’, 즉 중국 중앙은행의 결제 시스템을 써.”

‘디지털 위안화?’

처음 듣는 말에 태오는 곧바로 루피를 불렀다.

“루피, 디지털 위안화가 뭐야? 이것도 화폐야?”

“좋아, 태오.”

루피가 설명을 시작했다.

“먼저 위안화부터 알려 줄게. 위안화는 중국에서 사용하는 돈이야. 우리나라의 원화나 미국의 달러 같은 화폐지.”

“아, 중국 돈이구나.”

“맞아. 그 위안화를 온라인에서만 존재하는 형태로 만든 게 바로 디지털 위안화야.”

루피가 고개를 끄덕이며 말을 이어 갔다.

“태오가 지금까지 봐왔듯, 예전의 돈은 동전이나 지폐처럼 손으로 만질 수 있었지. 하지만 디지털 화폐는 스마트폰이나 컴퓨터 안에서 숫자로만 존재하는 돈이야. 교통카드, 게임 속 사이버 머니, 카카오페이나 네이버페이도 모두 넓은 의미의 디지털 화폐라고 볼 수 있어. 디지털 화폐의 장점은 동전이나 지폐를 만드는 비용이 들지 않는다는 거야. 게다가 시간과 장소에 상관없이 쉽게 사용할 수 있지. 거스름돈을 주고받을 필요도 없어서 작은 금액을 결제할 때도 편리하지.”

태오가 이해했다는 듯 눈을 반짝였다.

“아하, 그럼 나도 이미 디지털 화폐를 쓰고 있는 거네. 게임에서 사이버 머니를 쓰고 있으니까.”

“맞아. 그리고 암호 화폐도 디지털 화폐의 한 종류야.”

루피가 빛나는 알림창을 공중으로 쏘아 올렸다.

암호 화폐

디지털 화폐의 한 종류로, 블록체인이라는 기술을 이용해 만든다. 거래 기록이 여러 컴퓨터에 함께 저장되어 위조나 조작이 어렵다. 은행 같은 금융기관을 거치지 않고 사람들끼리 직접 거래할 수 있다. 대표적인 암호 화폐로는 비트코인과 이더리움이 있으며, 현재 수천 가지 이상의 종류가 존재한다.

루피가 알림창을 가리키며 말했다.

"암호 화폐는 원화나 달러처럼 특정 나라의 돈이 아니야. 인터넷을 통해 전 세계 사람들과 자유롭게 거래할 수 있다는 것도 장점이야."

"그럼 디지털 위안화는 암호 화폐야?"

루피가 고개를 저었다.

"그건 CBDC, 즉 중앙은행 디지털 화폐야."

루피가 빛을 뿜어 알림창 하나를 더 띄웠다.

CBDC

'Central Bank Digital Currency'의 약자로, '중앙은행 디지털 화폐'를 뜻한다. 나라에서 만든 디지털 화폐로, 종이 지폐와 마찬가지로 법적 효력이 있다.

태오가 고개를 끄덕이며 말했다.

"그렇구나. CBDC는 국가가 만들고 공인한 디지털 화폐인 거네. 여러 가지 화폐를 함께 쓰면 혼란스럽지 않을까?"

"몇몇 국가에서는 아예 자국 화폐를 없애고 암호 화폐를 쓰고 있어. 이제 암호 화폐를 사용하는 나라로 한번 가볼까?"

은행 대신 비트코인을 선택한 사람들

루피가 반짝 빛나더니 빙그르르 한 바퀴를 돌았다. 태오의 눈앞이 빛으로 아득해지더니 사람들이 북적이는 거리가 보였다.

"루피, 여기는 어디야?"

"2026년 나이지리아의 최대 도시 라고스에 있는 시장이야."

태오는 거리의 건물들을 유심히 살폈다. 상점마다 현금 대신 QR 코드가 붙어 있었다.

"현금은 받지 않습니다. '스테이블 코인'이나 '비트코인'으로만 결제하세요."

길거리 상인이 손님에게 이렇게 설명하고 있었다.

태오는 놀라서 속으로 중얼거렸다.

'비트코인으로 결제를 하네? 저건 가상 화폐잖아!'

두리번거리던 태오는 또래로 보이는 한 소년에게 말을 걸었다.

"안녕? 난 한국에서 온 태오야."

"안녕? 난 치네두야."

치네두는 태오를 보며 환하게 웃었다.

"여행 중이야? 그런데 혹시 현금이나 카드만 있는 건 아니지?

여기서는 물건을 사려면 지갑 앱이 필요해. 우리는 현금을 잘 안 쓰거든.”

“근데 왜 현금을 안 쓰고 비트코인을 쓰는 거야?”

치네두는 잠시 생각하더니 말했다.

“나 같은 아이들 중 절반은 은행 계좌를 못 만들어. 우리 부모님도 계좌가 없고. 그래서 돈을 맡길 곳이 없어. 예전에는 내가 번 돈을 부모님께 드리려면 현금을 들고 몇 시간씩 기차를 타야 했거든. 그런데 지금은 비트코인을 써. 그게 훨씬 편하니까.”

“그건 어떻게 쓰는 거야?”

“스마트폰 안에 있는 비트코인 지갑으로 결제해.”

치네두가 스마트폰 화면을 보여 주었다. 그 안에는 QR 코드와 숫자가 반짝이고 있었다.

“오······.”

태오는 감탄했다.

“나는 모든 사람이 은행에 돈을 맡기고 그걸로 쓰는 줄 알았어. 여기서는 은행보다 비트코인을 더 많이 쓰는구나. 그럼 비트코인은 불편한 점이 없어?”

“있지.”

치네두는 고개를 끄덕였다.

"가격이 너무 많이 오르내려. 어제는 비트코인 0.01개로 살 수 있던 물건이, 오늘은 0.02개가 필요할 수도 있어. 그리고 해킹을 당하면 돈을 영영 되찾을 수 없다는 것도 문제야. 그래서 달러 가치와 연결된 '스테이블 코인'을 쓰는 사람도 많아."

"스테이블 코인?"

"응. 그건 가격이 거의 변하지 않거든."

"그렇구나."

태오는 고개를 끄덕였다.

"알려 줘서 고마워, 치네두."

돈을 믿지 못하게 되면 생기는 일

태오는 곧바로 루피를 불렀다.

"루피, 그런데 나이지리아 사람들은 왜 은행 계좌를 못 만드는 거야?"

"이유가 하나만 있는 건 아니야, 태오."

루피가 차분히 설명했다.

"나이지리아에는 글을 읽거나 쓰지 못하는 사람이 많아. 문맹

률이 높은 거지. 게다가 은행이 너무 멀거나 서류를 준비하기 어려운 지역도 많아. 그래서 15세 이상 성인 중 은행 계좌를 가진 사람의 비율이 절반이 안 돼.”

“그럼 돈은 어디에 두는데?”

“은행에 맡기지 못하니까 집에 현금을 보관하는 사람이 많았어. 그런데 이렇게 돈이 집에만 있으면 시중에 잘 돌지 않게 되지. 정부는 이 문제를 해결하려고 2022년에 기존 지폐를 새 지폐로 바꾸는 정책을 시행했어. 하지만 새 돈이 충분하지 않았고, 은행 계좌가 없는 사람들은 돈을 바꾸는 것 자체가 어려웠지. 은행이 없는 지역도 많았고.”

태오가 크게 한숨을 쉬었다.

“아, 사람들에게 큰일이었겠다…….”

“맞아. 결국 나이지리아 사람들은 정부의 화폐인 ‘나이라’를 믿기 어려워했고, 어떤 지역에서는 잠시 물물교환으로 돌아가기도 했어.”

“그럼 은행은 아무런 역할도 못 한 거야?”

“꼭 그런 건 아니었어. 2010년대에는 ‘노상 은행’ 같은 것도 생겼지. 길가에 책상 하나, 태블릿 하나를 놓고 글을 잘 모르는 사람들을 대신해 예금이나 출금을 도와주는 서비스였어.”

"우아, 은행이 길거리에 있었네."

"그래. 하지만 여러 일을 겪으면서 사람들은 점점 이렇게 생각하게 된 거야. '정부나 은행의 돈보다, 우리가 직접 관리할 수 있는 돈이 더 안전하겠다'라고."

"그래서 비트코인을 쓰게 된 거구나."

"맞아. 비트코인은 은행 계좌가 없어도 쓸 수 있고, 스마트폰만 있으면 바로 송금할 수 있으니까. 나이지리아 정부도 'e-나이라'라는 CBDC를 만들었지만, 이미 신뢰가 무너진 상태라 사용하는 사람은 많지 않아."

태오는 고개를 끄덕이며 말했다.

"은행이 없어서가 아니라, 은행보다 더 믿을 수 있고 편하다고 느껴서 비트코인을 쓰는 거였구나."

"바로 그거야, 태오."

그 순간 태오의 머리 위에 새로운 시스템 창이 열렸다.

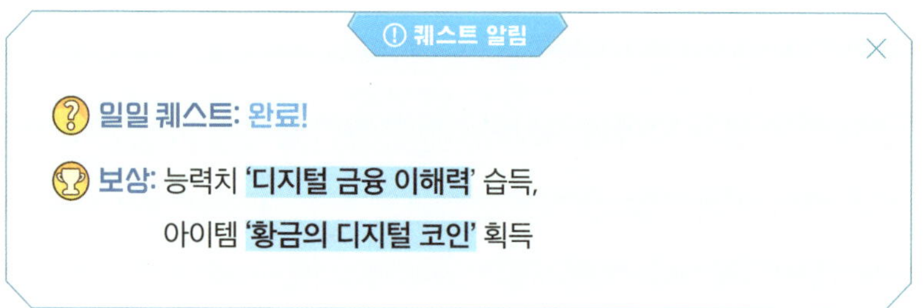

‘황금의 디지털 코인? 이것도 가상 지갑에 넣어 볼까?’

새로운 아이템이 가상 지갑에 들어가자, 지갑의 테두리가 빛나기 시작했다. 곧이어 알림창이 태오의 눈앞에 떠올랐다.

“우아! 루피, 나 이자를 받는대! 이제부터 미래 세계에 다녀올 수 있다니!”

“태오, 축하해. 물건들을 가상 지갑에 잘 맡겨 둔 덕에 이자가 생겼네!”

“그런가 봐, 나 지금 가슴이 너무 두근두근거려!”

“그럼 지금 바로 출발해 볼까?”

“좋아, 얼른 가보자.”

태오가 웃으며 대답하자 루피가 반짝이며 빙그르르 한 바퀴를 돌았다.

여러 종류의 돈을 함께 쓰는 미래

눈을 뜬 태오는 어느새 2035년의 번화한 거리 한복판에 서 있었다. 카페 앞에 또래 아이들이 모여 있었다.

태오는 용기를 내 한 소녀에게 다가갔다.

"안녕, 난 태오야. 너희 뭐 하고 있니?"

"안녕! 난 미카야."

소녀가 밝게 웃으며 말했다.

"우리 무인 카페에서 맛있는 음료수를 사려는 중이야. 너도 같이 갈래?"

"좋아."

아이들을 따라 무인 카페로 들어간 태오는 또 한 번 놀랐다.

"그런데…… 너희는 뭐로 계산해?"

미카는 손목을 들어 보이며 웃었다.

"난 바이오 인증이 되는 CBDC를 써."

"바이오 인증?"

"응."

미카가 고개를 끄덕이며 설명했다.

"비밀번호 대신 내 몸이 열쇠가 되는 거야. 지문이나 얼굴, 심장 박동 같은 걸로 '이 사람이 맞아요' 하고 확인하는 거지."

"오…… 그럼 지갑도 필요 없겠네."

"맞아. 이 돈은 나라에서 만든 거라 안전하고, 학교 급식비나 버스비도 그냥 자동으로 빠져. 여기서는 대부분 이렇게 결제해."

태오는 눈이 동그래졌다.

"그럼 다른 돈은 완전히 사라진 거야?"

그때 옆에서 아이스크림을 고르던 소년이 끼어들었다.

"아니, 사라진 건 아니야. 난 스테이블 코인을 써."

소년은 웃으며 말했다.

"스테이블 코인은 달러 같은 실제 돈에 가치가 연결된 디지털 화폐야. 그래서 값이 크게 흔들리지 않아. 우리 형이 해외에서 공부하는데, 스테이블 코인은 해외 송금 수수료도 거의 없어서 엄청 편해."

이번엔 게임기를 들여다보던 다른 소년이 말했다.

"난 암호 화폐를 써!"

소년은 태오를 향해 몸을 기울이며 말했다.

"비트코인으로 게임 아이템을 사. 거래 기록이 블록체인에 남아서 사기 걱정도 적고. 그리고 정부에서 다 관리하지 않으니까,

내가 뭘 샀는지도 비교적 잘 안 드러나."

태오는 마음속으로 정리했다.

'고대의 조개 화폐나 로마의 은화처럼, 지금 이 아이들은 형태만 다를 뿐 돈의 기능을 하는 무언가를 쓰고 있어. 앞으로도 화폐는 시간이 흐르며 계속 바뀌겠지. 하지만 가장 중요한 건 사람들의 믿음을 잃지 않는 것이겠지.'

루피와 함께 집으로 돌아온 태오는 미래의 화폐가 자꾸 마음에 걸렸다.

"루피, 미래에는 정말 이렇게 여러 가지 화폐를 함께 쓰게 되는 거야?"

"그럴 가능성이 커."

루피가 차분히 말했다.

"앞으로의 디지털 화폐는 크게 두 갈래로 나뉠 것 같아."

"어떤 거야?"

"먼저 CBDC, 즉 중앙은행 디지털 화폐야."

"아, 조금 전 미카라는 아이가 바이오 인증이 가능한 CBDC를 쓰더라. 중국 베이징에서 만난 아이도 CBCD를 쓴다고 했고. 나라가 만든 돈이지?"

“맞아. 지금의 지폐를 디지털로 옮겨 놓은 거라고 생각하면 돼. 우리나라의 한국은행도 디지털 화폐 발행을 추진하고 있어. 나라가 보증하니까 가치가 안정적이고 안전한 대신, 정부가 거래를 들여다볼 수 있다는 점 때문에 사생활 침해 논란이 있지.”

“음…… 그건 좀 고민되네.”

“그래서 다른 화폐도 함께 쓰는 거야.”

루피가 이어 말했다.

“스테이블 코인은 달러나 금 같은 실제 자산에 가치를 묶은 디지털 화폐야.”

“그렇구나. 가격이 잘 안 변한다고 했지?”

“응. 게다가 은행을 거치지 않고 메일을 보내듯이 바로 송금할 수 있어. 하지만 민간에서도 만들 수 있어서, 너무 많아지면 화폐 질서가 복잡해질 수 있어.”

“그럼 암호 화폐는 어때?”

“암호 화폐는 중앙 통제 없이 자유롭게 거래할 수 있다는 게 장점이야. 국경도 없고. 하지만 가격 변동이 크고, 해킹이 될 위험도 있어.”

루피는 마지막으로 이렇게 정리했다.

“그래서 미래에는 CBDC를 기준 화폐로 삼고, 은행이나 민간이 만든 디지털 화폐를 함께 쓰는 구조가 될 가능성이 커.”

태오는 고개를 끄덕였다.

“화폐는 계속 바뀌고, 우리가 믿고 쓰는 방식도 늘 고민거리로 남는구나.”

“맞아. 태오. 미래에는 누가 신뢰받는 돈을 만들 수 있느냐가 문제일 거야. 사람들은 정부가 보증하는 돈과 은행이 보증하는 돈, 코드가 보증하는 암호 화폐 사이에서 고민하게 되겠지. 결국 화폐는 인간이 만든 신뢰의 거울일 테니…….”

“루피, 그동안 너무 재미있었어. 헤어진다고 생각하니 너무 아쉽다.”

“나도 그래, 태오. 화폐 탐험을 완주한 것을 축하해!”

루피의 말이 끝남과 동시에 마지막 시스템 창이 경쾌한 소리를 내며 떠올랐다.

① 퀘스트 알림　　　　　　×

❓ **10개의 일일 퀘스트: 완료!**

🏆 모든 퀘스트를 완전하게 수행한 당신은 ‘화폐의 신전’에 입장이 가능합니다!

🕐 **화폐의 신전 개방 일시**: 내일 밤 12시

'화폐의 신전이라고? 내일 밤 12시?'

태오의 심장이 쿵 하고 크게 뛰었다.

"우아…… 진짜야?"

태오는 황금 동전을 손에 꼭 쥐었다. 손에 쥔 동전을 이리저리 돌려 보는데 웃음이 절로 났다. 내일이면 또 다른 세계가 열린다. 지금까지와는 전혀 다른 탐험이 시작될지도 모른다. 태오는 괜히 방 안을 한 바퀴 돌다가, 침대 위에 벌렁 누웠다. 이불 속으로 들어가면서도 계속 내일 밤을 떠올렸다.

황금의 디지털 코인

★★★★★

- ◆ **효과:** 기술 발전에 따라 변화하는 돈에 호기심이 생긴다

- ◆ **획득 조건:** 디지털 화폐가 일상과 경제를 바꾸고 있다는 점을 이해했을 때

- ◆ **사용 예시:** 새로운 금융 기술과 디지털 자산을 꾸준히 공부하기

황금 동전의 대답

자정 무렵, 태오는 오늘 '화폐의 신전'이 열린다고 한 알림창의 글을 떠올리며 두근거렸다. 시계가 12시 정각을 가리키자 책상 위에 둔 지도가 저절로 펼쳐졌다. 그리고 이제는 다시 볼 수 없을 거라 생각했던 루피가 나타났다.

"루피, 어떻게 된 일이야?"

"태오, 화폐의 신전에 혼자 보낼 수는 없잖아."

"역시, 루피밖에 없다. 그리고 나, 아직 황금 동전의 비밀도 다 밝히지 못한 것 같아."

"태오는 이미 답 근처에 와 있어. 자, 그럼 진짜 마지막 여행을 해볼까?"

그 순간 지도에서 황금빛이 번쩍이며 둥근 원을 그렸다. 루피와 태오는 마치 블랙홀에 빨려 들어가듯 그 원을 통과해 지도 속으로 사라졌다.

태오가 눈을 떠보니, 주변이 온통 하얀 벽과 기둥으로 둘러싸여 있고 벽 한가운데에는 황금빛 동전이 걸려 있었다.

태오는 무의식적으로 자신의 손을 내려다봤다. 손안에 쥔 황금 동전이 벽에 걸린 동전과 똑같이 빛나고 있었다.

'어? 저 동전… 낯이 익은데?'

그 순간, 사자상이 새겨진 테두리에서 황금빛이 번져 나오더니 한 줄기 빛이 허공으로 쏘아 올려졌다. 그러자 공중에 금빛 글자들이 하나씩 떠올랐다.

B-C-P-Dn-B-G-K-I-Y-D

B – Barter(물물교환)

C – Coin(동전)

P – Paper(지폐)

Dn – Denarius(데나리우스)

B – Bank(은행)

G – Gold(금)

K – Korean Currency(한국의 화폐)

I – Inflation(인플레이션)

Y – Yap(야프섬)

D – Digital money(디지털 화폐)

'이건…….'

태오는 지난 10일간의 탐험들을 떠올렸다. 물물교환을 하는 마을, 최초의 동전을 만난 순간, 종이 지폐가 탄생한 장면, 로마의 데나리우스, 중앙은행, 금본위제, 한국의 화폐, 인플레이션, 야프섬의 바위 화폐, 그리고 디지털 화폐까지.

'아, 이건 내가 직접 탐험한 화폐의 역사야. 그 과정에서 알게 된 단어의 첫 글자들이잖아.'

그제야 태오는 동전을 다시 들여다보았다. 사자상이 새겨진 황금빛 테두리가 유난히 눈에 들어왔다. 사자의 얼굴과 둥근 동전의 질감이 어딘가 익숙했다.

'사자상…… 둥근 모양…… 황금빛 금속…….'

그 순간, 태오의 머릿속에 탐험에서 만났던 동전이 겹쳐졌다.

'그래! 전에도 이런 생각을 한 적이 있었지. 이건 최초의 동전, 일렉트럼 동전과 닮았어.'

태오는 숨을 들이켰다. 황금 동전의 첫 번째 단서가 분명해졌다. 이어서 동전의 가운데를 바라보았다. 둥근 테두리 안에 네모난 구멍. 그 모양은 상평통보나 중국의 엽전과 꼭 닮아 있었다.

'하늘은 둥글고, 땅은 네모나다…….'

태오는 동양의 화폐에 담긴 의미를 떠올렸다. 이 동전은 단순한 장식이 아니었다. 동양과 서양의 서로 다른 생각들이 하나의 동전에 담겨 있었다. 태오는 다시 공중에 있는 글자들을 떠올렸다.

'이 코드들은…… 화폐의 역사야.'

그제야 모든 조각이 맞춰졌다. 황금 동전은 동양과 서양이라는 공간은 물론, 물물교환에서 디지털 화폐에 이르는 역사를 상징하고 있었다.

태오가 황금 동전의 비밀을 모두 이해한 순간, 손안에 있던 동전이 갑자기 은빛의 원을 그리며 빛나기 시작했다. 그리고 어디선가에서 낮은 목소리가 들려왔다.

화폐의 역사를 탐험한 너에게 '마스터 화폐술사' 칭호를 내린다.

황금 동전의 비밀은 이제 스스로 찾을 수 있으며,

그 비밀을 깨닫는 순간 너는 진정한 화폐술사가 될 것이다.

"어……?"

동전이 태오의 손안에서 빠져나와 공중에서 한 바퀴를 그리더니, 마치 자신의 역할을 다했다는 듯 조용히 사라졌다. 그와 동시에 태오의 머리 위로 가상 지갑이 떠오르더니, 지금까지 여행하며 받았던 10개의 보상들이 지갑 속에서 빠져나와 하나둘 빛을 내다 이내 하나의 완전한 형태를 이루어 황금 동전이 되었다.

그 동전은 천천히 태오의 손바닥 위로 내려앉았다. 앞면에는 태오가 처음부터 가지고 다니던 동전과 똑같은 사자상이 새겨져 있었다. 하지만 뒷면은 달랐다. 늘 비어 있던 네모난 구멍은 말끔히 채워져 있었고, 그 위에는 'BCPDnBGKIYD'라는 알파벳이 새겨져 있었다. 태오가 조금 전 그 뜻을 알아낸, 화폐 역사의 순서를 뜻하는 글자였다.

태오는 새로운 동전을 한참 바라보다가 문득 고개를 들었다.

"루피……?"

루피가 공중에 떠 있었다. 그런데 어딘가 달라 보였다. 몸을 감싸던 빛이 이전보다 깊고 안정적이었고, 장난스러운 표정 대신 차분한 미소가 떠올라 있었다.

"태오. 네가 이 길을 걷게 된 건 우연이 아니야."

루피는 숨을 삼키는 태오를 바라보며 미소 지었다.

"화폐의 역사를 따라 걷는 동안, 너는 결국 화폐의 근본을 스스로 깨닫는 아이가 되었어. 그래서 너에게 '마스터 화폐술사'라는 이름이 주어진 거야.”

“그럼…… 이 동전은?”

“이건 끝이 아니라 시작이야. 화폐가 단순한 돈이 아니라 사람과 사람, 시대와 시대를 잇는 신뢰라는 걸 알게 된 순간, 새로운 동전이 만들어진 거지.’

루피의 모습이 서서히 빛 속으로 녹아들기 시작했다.

“이 동전으로 무엇을 할지, 어떤 화폐의 이야기를 써 내려갈지는 이제 네가 직접 정해야 해.”

“루피!”

태오가 부르자, 루피는 마지막으로 웃었다.

“언젠가 다시 만나겠지. 질문이 멈추지 않는 한.”

빛이 사라지고, 태오는 자신의 방 책상 앞에 서 있었다. 마치 긴 꿈에서 깬 것처럼 방은 조용했다. 태오는 두 번째 황금 동전을 조심스럽게 책상 위에 올려놓았다.

‘화폐 안에는 역사와 이야기, 사람들의 믿음이 담겨 있었어. 부자가 되는 방법을 찾으려고 탐험을 시작했지만, 지금은 생각이 달라졌어. 돈이 어떻게 움직이는지 이해하는 사람이 되고 싶어.’

그 순간, 책상 위의 황금 동전이 대답하듯 반짝 빛을 냈다.

 두 번째 동전의 비밀

"루피가 말했지. 이 동전은 끝이 아니라 시작이라고……."

태오는 동전을 손바닥 위에 올려놓고 가만히 들여다보았다. 그러자 동전이 아주 약하게 반짝였다. 그 순간 태오의 머릿속에 루피의 목소리가 울려 퍼졌다.

"두 번째 동전에는 선택의 힘이 담겨 있어. 다시 탐험을 떠날 수도 있고, 네가 현실에서 쓸 수 있는 능력을 선택할 수도 있지."

"능력……?"

태오는 잠시 고민했다.

"이번엔, 능력을 선택할래."

태오가 속삭이듯 말하자, 두 번째 동전이 빛을 냈다. 빛은 동전에서 시작해 태오의 손, 그리고 머릿속으로 천천히 스며들었다. 마치 누군가가 차분하게 설명해 주는 것처럼, 금융과 돈에 대한 생각들이 하나씩 정리되기 시작했다.

이제 태오는 현실에서 쓸 수 있는 무기를 하나 얻은 셈이었다.

두 번째 동전이 알려준 7가지 금융 습관

1. '지불'과 '지출'을 구분하는 뇌 만들기

스마트폰으로 물건을 결제하면 눈앞에 돈이 보이지 않기에, 뇌가 돈을 많이 쓰지 않는다고 착각한다. 일주일에 하루 정도는 현금만 써보자. 만 원짜리 지폐가 내 손에서 떠나는 걸 직접 보면 '아, 내가 진짜 돈을 쓰고 있구나' 하고 실감하게 된다.

2. 모든 물건 값을 '노동 시간'으로 바꿔 보기

돈을 쓸 때, '이 돈을 벌려면 얼마나 일해야 할까?'를 생각해 보자. 내가 흘린 땀과 시간을 떠올리면 소비가 훨씬 신중해진다.

3. '복리의 마법' 떠올리기

돈이 돈을 낳는 원리를 알면 저축이 게임처럼 재미있어진다. 예를 들어 5,000원으로 간식을 사는 대신 저축하고, 복리 계산기로 10년 뒤 금액을 확인해 보자. 그래프가 올라가는 걸 보면 저축이 하나의 퀘스트처럼 느껴진다.

4. 나만의 '용돈 기상청' 만들기

날씨를 예보하듯 내 돈도 예측해 보자. 친구의 생일 선물, 좋아하는 간식 등등 이번 달에 꼭 사야 하는 물건과 필요한 돈을 미리 적어 본다. 계획하는 습관이 금융 감각을 기른다.

5. '금융 사기 판독기' 장착하기

돈의 세계는 결국 '신뢰'로 돌아간다. SNS에서 '공짜로 돈 벌기', '코인 무료 지급' 같은 광고를 보면 먼저 의심해 보자. 인류 역사에서 공짜 돈은 거의 없었다.

6. 내가 좋아하는 브랜드의 '주인'이 되기

좋아하는 과자나 게임을 즐기기만 하지 말고, 그 회사를 찾아보자. 내가 자주 쓰는 제품을 만든 회사가 돈을 잘 벌고 있는지 궁금해하는 순간, 소비자에서 투자자로 한 단계 성장하게 된다.

7. 경제 뉴스로 일상생활을 이해하기

두 가지만 기억하자. '물가(물건값)'와 '금리(돈 빌리는 값)'이다. 예를 들어 아이스크림 값이 오르면 '물가가 오르는 중이구나' 하고 생각해 보자. 주변 변화와 연결하는 순간 뉴스가 쉬워진다.

참고 도서

- 가켄 편집부 지음, 이현욱 옮김, 《14살부터 시작하는 나의 첫 돈 공부》, 뜨인돌, 2024.
- 김성호 글, 성연 그림, 《경제의 핏줄, 화폐》, 미래아이, 2013.
- 복대원·윤정구 지음, 《세상의 모든 돈이 사라진다면》, 다른, 2020.
- 송인창·김이한 외 지음, 《화폐 이야기》, 부키, 2013.
- 은동진 지음, 《화폐 한국사》, 브레인스토어, 2022.
- 장광익·음인혜 글, 민재회 그림, 《화폐와 금융》, 주니어김영사, 2019.
- 캐서린 이글턴·조너선 윌리엄스 외 지음, 양영철·김수진 옮김, 《Money 화폐의 역사》, 말글빛냄, 2008.
- 펠릭스 마틴 지음, 한상연 옮김, 《돈》, 문학동네, 2019.
- 홍춘욱 지음, 《50대 사건으로 보는 돈의 역사》, 로크미디어, 2019.
- EBS '돈의 얼굴' 제작진·조현영 지음, 《미치도록 보고 싶었던 돈의 얼굴》, 영진닷컴, 2025.

사진 출처

- 26쪽 © Money Museum, www.moneymuseum.com
- 34쪽 © DJR Authentication, www.djrauthentication.com
- 37쪽 © CNG Coins, www.cngcoins.com
- 49쪽 Byzantium565 / Wikimedia Commons
- 85쪽 acediscovery / Wikimedia Commons
- 138쪽 Salil Kumar Mukherjee / Wikimedia Commons

경제 천재, 돈의 비밀을 풀어라

초판 1쇄   2026년 3월 20일

지은이   신승미

펴낸이   김한청
기획편집   원경은 차언조 양선화 양희우 장민기
마케팅   정원식 이진범
디자인   이성아 황보유진
운영   설채린

펴낸곳 도서출판 다른
출판등록 2004년 9월 2일 제2013-000194호
주소 서울시 마포구 동교로 27길 3-10 희경빌딩 4층
전화 02-3143-6478   **팩스** 02-3143-6479   **이메일** khc15968@hanmail.net
블로그 blog.naver.com/darun_pub   **인스타그램** @darunpublishers

ISBN 979-11-5633-770-6 43320

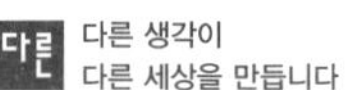